Janne Jörg Kipp | Rolf Morrien

Staatsbankrott voraus!

Janne Jörg Kipp | Rolf Morrien

Staatsbankrott voraus!

Hintergründe, Strategien
und Chancen, die Sie kennen müssen

FinanzBuch Verlag

Bibliografische Information der Deutschen Nationalbibliothek
Die Deutsche Nationalbibliothek verzeichnet diese Publikation in der Deutschen Nationalbibliografie;
detaillierte bibliografische Daten sind im Internet über **http://d-nb.de** abrufbar.

Für Fragen und Anregungen:
kipp@finanzbuchverlag.de
morrien@finanzbuchverlag.de

1. Auflage 2010

© 2010 FinanzBuch Verlag GmbH
Nymphenburger Straße 86
D-80636 München
Tel.: 089 651285-0
Fax: 089 652096

Lektorat: Judith Engst
Satz: HJR, Manfred Zech, Landsberg am Lech
Druck: Konrad Triltsch, Ochsenfurt

ISBN 978-3-89879-616-3

Weitere Infos zum Thema

www.finanzbuchverlag.de
Gerne übersenden wir Ihnen unser aktuelles Verlagsprogramm

INHALTSVERZEICHNIS

VORWORT

»Staatsbankrott« – vor Jahren noch war das ein Kampfbegriff politischer Extremisten. Inzwischen haben wir uns alle daran fast gewöhnt. Eine scheinbar dunkle Zukunft steht vor uns. Zahlreiche Bücher, Magazin-Artikel, Fernsehsendungen oder Radiobeiträge künden vom nahenden Ende.

Wir verfolgen einen anderen Ansatz, klar, realistisch und wohlkalkuliert: Der Staatsbankrott wird kommen, das halten wir für sicher. Die Karten werden neu gemischt. Geld, politische Institutionen und Regierungen werden wechseln. Das Vermögen aber bleibt.

Es wird wie immer und überall eine Zeit »danach« geben, in der Ihr Leben – weiterhin in dieser Gesellschaft – sogar besser aussehen kann als je zuvor.

Als Finanzanalysten beschäftigen wir uns seit vielen Jahren mit den finanzpolitischen und wirtschaftlichen Geschehnissen rund um den Globus. Wir finden, es ist an der Zeit, einen Staatsbankrott einmal anders darzustellen als nur mit düsteren Szenarien, wie sie derzeit durch alle Medien geistern.

Wir vertreten mit diesem Buch ganz besondere Ziele und Ansichten, an die Sie sich hoffentlich in einigen Jahren noch zurückerinnern werden. Wir sind der Meinung, dass dieser Staatsbankrott auf EU-Ebene, wahrscheinlich auch in den USA und Japan, und ebenso bei uns in Deutschland keine Katastrophe sein wird – sondern ein Neuanfang mit Gewinnern und – leider ist das im Wettbewerb so – mit Verlierern.

Die Welt ist schon kompliziert genug. Wir stellen daher in diesem Buch klare Einsichten, Ideen und Empfehlungen vor und beschreiben Ihnen den Staatsbankrott anhand eines einfachen, verständlichen Modells.

Folgen Sie diesem Buch. Machen Sie mit uns eine Bestandsaufnahme. Ordnen Sie die sich überschlagenden Ereignisse richtig ein. Beschäftigen Sie sich mit unserer Prognose, wie ein Staatsbankrott abläuft. Und machen Sie etwas aus unseren klaren, konkreten Empfehlungen zur persönlichen Vorsorge. Dann sind Sie bestens gerüstet für alle Entscheidungen, die Sie jetzt treffen müssen.

Rolf Morrien und Janne Jörg Kipp, im Juni 2010

1. Die Grundannahmen

Es gibt einige Grundannahmen, von denen wir in diesem Buch ausgehen. Grundannahmen, die Sie kennen sollten, um das Weitere zu verstehen. Deshalb zunächst – kurz und knapp – ein Überblick darüber.

Grundannahme I:
Die Verschuldung steigt rasant

Alan Greenspan, späterer Notenbankchef, äußerte sich im Jahr 1966 mit folgenden Worten zur Weltwirtschaftskrise und der anschließenden Hyperinflation:

> »Die überschüssigen Kredite, die die Fed in die Wirtschaft pumpte, fanden ihren Weg an den Aktienmarkt und lösten einen fantastischen Boom aus. Zu spät versuchen die Notenbanker, die überschüssige Liquidität abzuziehen, und waren schließlich erfolgreich in ihren Bemühungen, den Boom zu beenden. Aber es war zu spät.«

Natürlich können auch Politiker immer wieder sagen, sie würden die Schulden zurückzahlen. Selbst der griechische Ministerpräsident Papandreou hat kürzlich wieder Stein und Bein geschworen, Griechenland werde seine Schulden auf Euro und Cent begleichen

Aber sehen Sie selbst, wie die Situation aussieht. Dafür brauchen wir gar nicht Griechenland oder sonst einen Staat anzuführen, der aktuell als Pleitekandidat in den Medien gehandelt wird. Nehmen wir stattdessen die USA: Die Vereinigten Staaten haben ungefähr 2 Billionen US-Dollar Auslandsschulden, also Schulden bei anderen Staaten. Rechnen Sie kurz 5 % Zinsen darauf, dann zahlen die USA alleine 100 Milliarden Dollar Zinsen an die Gläubigerstaaten (wenn sie denn zahlen).

Pro Haushalt sind das etwa 1.000 Dollar jährlich nur an Zinsen nur an diese Staaten Wie und mit welchen Steuern sollte dieses Defizit sich reduzieren?

Auch in Deutschland ist die Staatsverschuldung immer nur gestiegen, wie die folgende Grafik zeigt:

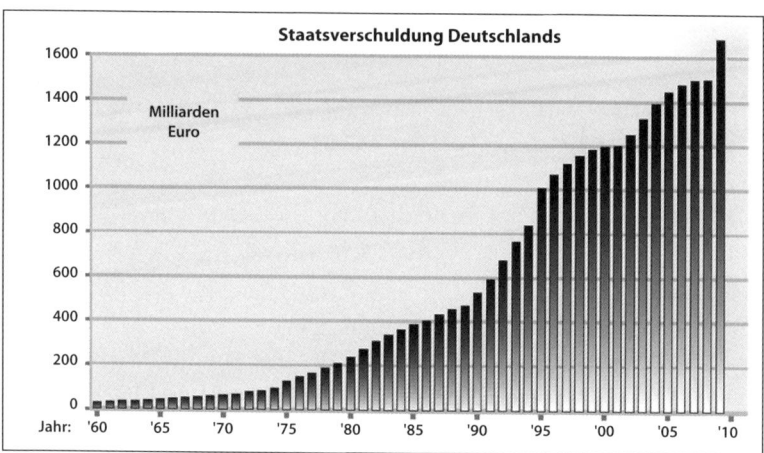

Quelle: Statistisches Bundesamt Deutschland (bis 2007), Bund der Steuerzahler (ab 2008)

Und nicht nur in Deutschland ist die Lage kritisch. Weitere Fakten, die zeigen, dass es keinen Weg mehr zurück gibt:

*   Alle Staaten der Euro-Zone zusammen haben 2009 ein Minus von 6,3 % erwirtschaftet.
*   Alle Staaten zusammen haben eine Gesamtverschuldung in Höhe des jährlichen Bruttoinlandsproduktes von 73,6 %. Gegenüber 2008 ist dies ein Anstieg von 12 Prozentpunkten ausgehend von 61,6 %. Umgerechnet heißt dies auch:

Die Schulden sind innerhalb eines einzigen Jahres bereits ohne die jüngst beschlossenen großen Rettungspakete um 19,48 % gestiegen.

- Allein Deutschland musste für 2009 – damals noch bescheidene – 43 Milliarden Euro an Zinsen für die Schulden aufnehmen. Dieser Betrag wird Jahr für Jahr wachsen, ebenso wie die Schulden Jahr für Jahr wachsen.

Die Haushaltsbilanz Deutschlands für das Jahr 2009	
Einnahmen	474 Mrd. Euro
Ausgaben	451 Mrd. Euro
Plus	23 Mrd. Euro
Zinsen	66 Mrd. Euro
Defizit 2009	43 Mrd. Euro

Die deutschen Schulden liegen insgesamt offiziell bei gut 1,7 Billionen Euro. Damit ist bei dem aktuellen Defizit klar: Auf Jahrzehnte wird es keine Rückzahlung geben, und damit auch keine Entlastung wenigstens bei den Zinsen. Allein die Griechenland-Hilfe und die zugesagten Bürgschaften schnüren den Bewegungsspielraum weiter ein.

Grundannahme II:
Die wahren Schulden sind viel höher als ausgewiesen

Die oben angeführten Zahlen spiegeln noch nicht einmal annähernd die wahren Schulden wider. Schulden sind Zahlungsverpflichtungen. Wenn Sie zu den oben genannten Verpflichtungen noch die jetzt schon absehbaren Zahlungsverpflichtungen zählen, landen Sie bei einem Schuldenberg von gut 5 Billionen Euro. Dazu gehören beispielsweise die Pensionen, die der Staat seinen Beamten in Zukunft zahlen muss. Für diese Pensionen gibt es keine Vorsorge, sie werden stets aus dem laufenden Staatshaushalt beglichen. Folglich fließen künftige Pensionen jetzt auch noch nicht in die Gesamtrechnung ein. Das heißt zwangsläufig: Die wahren Staatsschulden sind viel höher als die ausgewiesenen. So hoch, dass ein Zurück in die Schuldenfreiheit erst recht nicht mehr möglich ist.

Grundannahme III:
Es kann kein Zurück geben – dafür sorgt die Demokratie

Wir könnten es auch Eigennutz nennen. Wer für fünf (oder bei zwei Legislaturperioden) zehn Jahre ins Amt gewählt ist oder werden will, wird es sich mit seinen Wählern nicht verscherzen wollen.

Einsparungen bedeuteten aber Einschnitte bei freiwilligen Leistungen, also bei Leistungen, für die keine Pflicht besteht. Dies sind Sozial- und Bildungsleistungen – nichts anderes. Zinszahlungen sowie die meisten Investitionen in Militär und Infrastruktur sind auf Jahre festgeschrieben. Ein Zurück gibt es auch hier nicht mehr.

Grundannahme IV:
Niemand kann die Situation überblicken und steuern

Es gibt niemanden, keinen einzigen Volkswirt weltweit, der das gesamte Schuldengeflecht und sämtliche Auswirkungen einzelner Maßnahmen noch berechnen oder gar steuern kann. Zu viele Interessen, zu viele Daten, zu viele nicht untersuchte Zusammenhänge verhindern eine Zentralsteuerung.

Mit anderen Worten: Wir alle sind nicht nur Zuschauer, sondern auch Akteure dieses Stückes. Es gibt nicht *die* eine Verschwörung, *den* Masterplan, nach dem die Welt neu aufteilt wird. Das ist eine gute Nachricht: Es wird Sie zur Zeit niemand daran hindern, das Geschick in dieser nicht 100-prozentig kalkulierbaren Situation selbst in die Hand zu nehmen. Wir fühlen uns aufgefordert, Sie auf diesem Weg zu begleiten.

Grundannahme V:
Viele Staaten sind zugleich bedroht

Staatsbankrotte hat es schon viele gegeben. Aber dass mehrere bedeutende Wirtschaftsnationen, darunter Japan, die USA und Deutschland, gleichzeitig Gefahr laufen, zahlungsunfähig zu werden, gab es noch nie. Ein genaues Vorbild für die kommende Serie von Staatsbankrotten haben wir folglich nicht. Wir können nur beschreiben, wie ein Staatsbankrott in der Regel abläuft, Szenarien für dieses Ereignis entwickeln, und die einzelnen Szenarien mit Wahrscheinlichkeiten gewichten.

Die große Depression (Weltwirtschaftskrise) der 30er-Jahre des vergangenen Jahrhunderts, die vorhergehende Hyperinflation in Deutschland Anfang der 20er-Jahre, die Währungsreform in Deutschland im Jahr 1948. Es sieht so aus, als sei alles schon einmal dagewesen. Das mag in Ansätzen stimmen, und doch ist heute alles anders:

Heute wissen wir, was damals passiert ist. Wir wissen, was Politik, Zentralbanken und Investoren falsch oder richtig gemacht haben. Diese Erfahrungen selbst beeinflussen den Umgang mit dieser, der größten weltweiten Finanzmarktkrise aller Zeiten. Das muss nicht gut oder schlecht sein. Es heißt aber: Es gibt keinen Automatismus, kein Muster, nach dem sich alles wiederholen wird.

Wir alle sind aber nicht nur Zuschauer einer neuen Aufführung des immergleichen Stückes, sondern auch Akteure, die darin mitspielen. Sie können Ihr Geschick in die eigene Hand nehmen. Es gibt keinen unausweichlichen »Crash« für Ihr Vermögen.

Grundannahme VI:
Vorsorge ist einfacher, als viele denken

Sie müssen kein Volkswirt sein, Sie müssen keine komplizierten mathematischen Berechnungen anstellen, sondern einfach ihren Verstand nutzen, um sich auf die verschiedenen Möglichkeiten einzustellen.

Je einfacher und klarer, desto besser und sicherer sind Ihre Investments. Wir gehen davon aus, dass sich verschiedene Szenarien mit unterschiedlichen Wahrscheinlichkeiten abspielen werden. Ein Militärputsch ist höchst unwahrscheinlich, eine Inflation sehr wahrscheinlich. Für die wichtigsten Szenarien suchen wir vernünftige Anlagestrategien. Außerdem ergründen wir die Gemeinsamkeiten aller Strategien. Dann können und werden Sie bestens aufgestellt sein, was auch immer passiert. Denn:

Grundannahme VII:
Es wird keinen Crash geben

Ein Staatsbankrott ist die nicht rechtlich festgelegte oder durchsetzbare Erklärung, dass ein Staat nicht mehr zahlen kann. Der Staat aber mit seinem Vermögen, seinen rechtlichen Institutionen und vor allem seinen Bürgern wird trotzdem nicht von der Bildfläche verschwinden. Alles wird sich ändern – aber es geht irgendwie weiter. Wie ein solches »Irgendwie« aussieht, damit werden wir uns noch eingehend beschäftigen.

Unser Tipp: Jetzt vorsorgen

Es lohnt sich, Ihr Vermögen auf die Zeit nach dem Staatsbankrott einzustellen. Dann stehen Sie auf der Seite der Gewinner. Vielleicht denken Sie dann an unser Buch zurück.

2. DER STAATSBANKROTT KOMMT –
ABER WIE SIEHT ER AUS?

Bankrott-Erklärungen kennen wir alle aus der Wirtschaft – ein Unternehmen, ein Privatmensch kann nicht mehr zahlen. Dafür gibt es gesetzliche oder politische Regelungen, in jedem Land. Geordnete Insolvenzverfahren, Aufteilungsregelungen, Nachfolgeregelungen bis hin zu Abschreibungschancen für die (ehemaligen) Gläubiger. Ein Staatsbankrott – oder korrekt und nicht wertend ausgedrückt – die Insolvenz eines Staates ist nirgends definiert. Sie passiert einfach. Es ist nicht festgelegt,

- wer seine Forderungen anmelden darf,
- wohin sich derjenige wenden muss,
- wie viel die Gläubiger aus dem Restvermögen erhalten,
- wer womöglich haftet,
- welche Rechtsfolgen die Verursacher tragen müssen und
- wie es danach weitergeht.

Staatsbankrott – ein nicht näher definiertes Phänomen

Es gibt keine klare Definition für die Insolvenz eines Staates. Es gibt nur sprichwörtliche Bankrotterklärungen und im Anschluss daran Verhandlungen mit ungewissen Ausgang. Das bedeutet konkret: So lange ein Staat noch Steuern eintreiben kann, so lange also noch ein arbeitender und – beispielsweise im Ausland Geld verdienender – Bürger da ist, kann ein Staat noch zahlen und ist nicht gänzlich bankrott.

So lange ein Staat noch selbst Zugriff auf die Geldproduktion hat und auch nur ein Schuldner das Geld annimmt, ist er formal nicht zahlungsunfähig.

Und beides wird ein Staat – auch der deutsche Staat – immer machen. Wir sprechen in diesem Buch vom faktischen Bankrott, nicht von einer rechtlich klar

definierten Insolvenz. Wir sprechen davon, dass der Staat in einem solchen faktischen Bankrott allerlei Maßnahmen ergreifen wird, um noch etwas länger in der
bisherigen Form erhalten zu bleiben. Wir sprechen außerdem davon,

> dass er ohne diese Maßnahmen unterginge,

> dass diese Maßnahmen erkennbar sind und

> dass Sie daher zum Schutz Ihres eigenen Vermögens rechtzeitig handeln
und gegensteuern können.

Chancen und Risiken liegen für uns als Anleger und Bürger also
dicht beieinander. Ein Staatsbankrott ist aber nicht in erster Linie eine Katastrophe, sondern nur eine Handlungsaufforderung. Die Karten werden neu gemischt. Nehmen Sie sich das richtige Blatt.

Das Drehbuch

Bevor wir in diesem Buch mit Zahlen operieren, Beweise anfüh-
ren, Empfehlungen zur Vorsorge geben, stellen wir Ihnen erst einmal das Drehbuch vor, nach dem sich jeder Staatsbankrott vollzieht.
Sie werden sehr schnell erkennen, dass Deutschland und verschiedene andere EU-Länder nur Varianten ein und desselben Drehbuchs
benutzen. Historisch einzigartig ist lediglich die Häufung der Fälle
und die Tatsache, dass diesmal die größten Wirtschaftsnationen gefährdet sind.

Die Akteure

Das Stück ist in seinen Grundzügen immer gleich. Deshalb genügt
es, nur wenige Akteure zu nennen.

Der Staat: Der Hauptakteur mit seinen eigenen Institutionen und
uns Bürgern, den Steuerzahlern.

Die Gläubiger: Das sind alle, die Forderungen an den Staat haben.
Dies können Empfänger von Sozialleistungen sein aber auch klei-

ne und große Unternehmen. Dazu gesellen sich diejenigen, die dem Staat in welcher Form auch immer Geld geliehen haben.

Die Schuldner: Das sind alle, die dem Staat Geld schulden, so etwa:

1. Kreditnehmer, die sich vom Staat Geld geliehen haben (meist sind das andere Staaten, wie beispielsweise Griechenland, das Geld von anderen Staaten der Euro-Zone bekommt),
2. supranationale Institutionen wie die UNO, solange nicht alle Teilnehmer denselben Betrag bezahlt haben (wie die USA),
3. Unternehmen, die staatliche Leistungen in Anspruch nehmen und dafür noch nicht gezahlt haben, wie etwa die Nutzer von Lizenzen für Mobilfunk- oder Satellitenfrequenzen und
4. wir als Steuerzahler. Denn wir können jederzeit in nahezu jeder beliebigen Höhe zur Kasse gebeten werden.

Warum wir Steuerzahler demnächst mehr zur Kasse gebeten werden

Jenseits des politischen Geplänkels reichen ganz einfache Überlegungen, um zu wissen, dass demnächst Steuererhöhungen anstehen: Wenn der Staat mehr Geld braucht, als er über bisherige Einnahmen hat (also wie immer in den vergangenen Jahrzehnten), kann er sich auf zwei Einnahmequellen stürzen: auf Kredite und auf Steuern.

Kredite haben gleich mehrere Nachteile:

➤ Es gibt sie nur einmal, danach sind sie sofort Schulden.

➤ Der Staat muss mit Zins und Zinseszinsen zurückzahlen.

➤ Der Staat muss sich besonders bemühen, um Kredite aufnehmen zu können. (Er muss beispielsweise Anleihen emittieren und am Markt unterbringen.)

➤ Die neuen Schulden sind Ausweis für eine vermeintlich verfehlte Haushaltspolitik der jeweiligen Regierung.

Steuern hingegen haben (fast) keinen dieser Nachteile. Die Vorteile überwiegen:

> Eine einmal erhobene Steuer wird im Grunde höchst selten mehr abgeschafft – siehe die Branntweinsteuer, die inzwischen mehr als 100 Jahre alt ist, oder die Steuer auf Schaumwein.

> Der Staat muss nichts zurückzahlen – im Gegenteil: Er erhält sogar Zinsen, wenn wir Steuerzahler zu spät zahlen.

> Der Staat muss nur die gesetzlichen Rahmenbedingungen schaffen, und dafür sorgt im Zweifel schon die Bürokratie.

> Da die höheren Steuern nur einmal, beim Beschluss, in der Öffentlichkeit diskutiert werden, muss der Staat sich dafür nicht über einen längeren Zeitraum rechtfertigen.

Die Besetzung

Suchen Sie sich jetzt eine Rolle aus. Denken Sie daran, die Karten werden einfach nur neu gemischt, bevor das Spiel beginnt. Staat, Gläubiger oder Schuldner. Mehrfachbesetzungen sind möglich.

Staat zu sein, sprich, in die Politik zu gehen, kann lukrativ sein und sogar Freude bereiten. Der einzige Nachteil: Sie müssen eine Ochsentour durch sämtliche Parteigliederungen hinter sich bringen. Theoretisch aber gibt es schlechtere Rollen.

Es spricht auch einiges für die Schuldnerrolle: Wenn Sie dem Staat Geld schulden, also beispielsweise Ihr Haus mit einem Förderkredit gebaut haben, werden Sie in den nächsten Jahren noch einmal ihre helle Freude haben. Schulden, die jetzt bereits bestehen, werden angesichts der Inflation dank der fleißigen Geldproduktion immer weniger wert sein.

Steuerzahler und Staatsbürger zu sein, ist eine Rolle, die man sich nicht unbedingt freiwillig aussucht. Denn die Steuersätze und Steuerschulden kann der Staat beliebig anpassen. Oder neue Abgaben auf bestehendes Vermögen erfinden. Und das macht er garantiert.

Staatlicher Diebstahl

Ein trauriges Beispiel für einen massiven staatlichen Eingriff in bestehendes Privatvermögen lieferte in den 30er-Jahren Franklin Roosevelt als Präsident der USA. Er ließ Gold konfiszieren und zahlte dafür 20,67 US-Dollar pro Unze. Anschließend setzte er den Preis auf 35,00 US-Dollar pro Unze fest. Ein Diebstahl der besonders dreisten Sorte, der sich jederzeit wiederholen kann.

Achtung: Als Goldbesitzer können Sie jederzeit zum »Schuldner« dieser Art werden. Unser Tipp: Setzen Sie mit Blick darauf nicht alles auf eine Karte. Investieren Sie auf keinen Fall all Ihr Vermögen in Gold.

Gläubiger zu sein, ist die schlechteste Rolle. Wer dem Staat Geld geliehen hat oder sonstige Ansprüche gegen ihn hat, ist dem nicht zahlungsfähigen Gebilde auf Gedeih und Verderb ausgesetzt. Denn:

Die Kaufkraft des Geldes, das Sie jetzt dem Staat leihen, setzt er zum Fälligkeitszeitpunkt selbst fest. Der Schuldner bestimmt durch seine Politik darüber, wie viel dieses Geld in den Jahren bis Laufzeitende wert sein wird. Kurz: Lässt der Staat während der Laufzeit vermehrt Geld drucken, entwertet er Ihre Forderung.

Schon jetzt wird im Euroraum Geld gedruckt

Aktuell kauft die Europäische Zentralbank – zeitlich unbegrenzt – Anleihen auf, spanische Anleihen, griechische Anleihen, portugiesische Anleihen. Dies finanziert sie einfach mit frisch »gedrucktem« Geld. Sie gibt schlicht und einfach Geld heraus und hat als »Gegenwert« lediglich die Forderungen gegen die maroden Euro-Staaten, die sehr wahrscheinlich nicht beglichen werden. Dies alles macht sie zulasten der Menschen, die beispielsweise in Bundesschatzbriefe, deutsche Staatsanleihen oder in Staatsanleihen anderer Euro-Länder investiert haben.

Das ist nicht der einzige Nachteil, den Sie in der Rolle des Gläubigers erfahren. Hinzu kommt: Das Geld, das Sie dem Staat leihen, soll Erträge abwerfen. Der Staat befindet selbst darüber, wie viel er als »Steuer« gleich wieder einbehalten darf. Zur Zeit sind es dank Abgeltungsteuer nur rund 28 % (inklusive Solidaritätszuschlag und Kirchensteuer). Was aber, wenn Sie plötzlich mit 50 % zur Kasse gebeten würden? Es gibt keine übergeordnete Schutzinstanz, die diesem Vorgehen rechtlich Einhalt gebieten könnte.

Und noch ein Nachteil ist vielen Anlegern nicht bewusst: Der Staat kann den Handel mit seinen Forderungen an der Börse jederzeit vollständig unterbinden. Im Zweifel müsste er nur die Börsen schließen oder den Handel über Gebühren so verteuern, dass niemand mehr handelt.

Jede Forderung, die Sie gegenüber dem Staat haben, ist Geld wert. Dazu gehört nicht nur die Rückzahlung geliehenen Geldes. Sondern auch künftige Rentenzahlungen, die Sie erwarten, Kindergeldansprüche, die Ihnen zustehen, Zuschüsse zu bestimmten geförderten Vorhaben, von denen Sie Gebrauch machen möchten. Die Liste lässt sich beliebig fortsetzen.

Falls Sie – etwa als Unternehmer – Leistungen erbracht haben und jemals schon mit dem Staat als Schuldner zu tun hatten: Zahlungsfristen, wie die öffentliche Hand sie sich gönnt, mutet Ihnen in der Regel kein Unternehmen aus der freien Wirtschaft zu. Zinskosten, die durch Überbrückungskredite entstehen, werden Sie in der Regel als Schadenersatzanspruch nicht geltend machen. Mit anderen Worten: Der Staat missbraucht Ihr Unternehmen als Bank, die ihm einen zinslosen Kredit gibt.

Denken Sie außerdem daran: Ihr Schuldner – der Staat – weiß im Zweifel sehr viel über Sie.

Big Brother

Der Staat kennt Ihre wirtschaftliche Situation (dank Steuererklärungen), Ihre persönlichen Verhältnisse (verheiratet, ledig, Anzahl der Kinder, der Häuser, Ihre staatlich anerkannte Berufsausbildung, Ihre Fernsehgewohnheiten) und Ihr Rechtsempfinden (Anzahl und Art der Zivilklagen vor Gericht, strafrechtlich relevante Vorgänge). Damit ist er der einzige Schuldner, der ein genaues Profil von seinem Gläubiger und dessen Interessen herstellen kann.

Fazit: Bei Lichte betrachtet sind Sie faktisch in vielen Situationen bereits Gläubiger des Staates. Sie sollten diese Rolle aber tunlichst nicht noch ausweiten. Weder rechtlich noch bezogen auf den Geldwert haben Sie hinreichend Schutz vor dem Schuldner Staat.

Denken Sie daran: Verleihen Sie kein Geld an den Staat – Sie verlieren automatisch und systembedingt die Kontrolle. Und im bevorstehenden Staatsbankrott auch Ihre Forderungen – der Staat selbst kann die Forderungsquote festlegen, die er erfüllt.

Verleihen Sie kein Geld. Investieren Sie es. Drehen Sie den Spieß um und werden Sie selbst zum Schuldner beim Staat. Organisieren Sie sich Zuschüsse, wo immer es geht, strecken Sie (Steuer-)Zahlungen.

Denn: Der Staatsbankrott wird kommen – und dann sind Sie besser mehrheitlich Schuldner als Gläubiger.

Der Anfang: fast einschläfernd langweilig – und niemand hört die Alarmsignale

Kein Drehbuch ohne soliden Anfang. Wir werden jetzt nicht bei Adam und Eva beginnen. Aber das Staatsbankrott-Drehbuch in seinem Urmuster hat immer denselben Anfang – in Griechenland, der EU, in den USA, in Osteuropa, in Argentinien und so weiter. Es fängt schlicht damit an, dass ein Staat entweder dauerhaft oder aufgrund eines bestimmten Ereignisses (z. B. Krieg) mehr Geld ausgibt als er einnimmt und in den folgenden Jahren einnehmen kann. Das ist bei einem Staat auch nicht anders als bei einem Privathaushalt.

Wer dauerhaft seinen Verpflichtungen nicht mehr nachkommen kann, wird in der Privatwirtschaft zum Konkurs gezwungen oder – in der Volkswirtschaft – zum Staatsbankrott in einer seiner zahlreichen Formen.

Die aktuelle Situation bei uns in Deutschland mit offiziell 1,7 Billionen Euro Schulden und inoffiziell (inklusive bereits bestehender

Verpflichtungen zum Beispiel Pensionskassen für Beamten) mehr als 5 Billionen Euro Verbindlichkeiten hat früh begonnen. Setzen wir als Anfangsszene einfach die 60er und 70er Jahre.

Staat »kurbelt« die Wirtschaft an

Klar ist unter allen ernsthaften Volkswirten, dass ohne Kredite kein Wachstum möglich ist. Kredite, auch Staatskredite, verlagern die künftige Mehrproduktion in die aktuelle Wirtschaft und schaffen daher den entscheidenden »Mehrwert« für die kommenden Jahre.

Kredite sind nicht schlecht an sich – mit einer wesentlichen Einschränkung: Läuft die Wirtschaft bestens, sind die Wachstumsraten hoch, muss sich ein Staat zurückhalten, wenn er bereits Schulden hat. Genau dies hat Deutschland in den 60er und 70er Jahren nicht mehr gemacht: Der Anfang vom Ende (so oder ähnlich zu besichtigen in allen Drehbüchern weltweit).

Nach dem zweiten Weltkrieg nahm zunächst das deutsche Wirtschaftswunder seinen Lauf. Erst Anfang der 60er-Jahre traten die ersten Schwierigkeiten auf – die Wirtschaft stockte. Erstmalig erfolgte der Griff in die Kasse.

Die Staatsverschuldung stieg auf allen Ebenen. Bei den Gemeinden, den Ländern, dem Bund und auch bei staatlichen Unternehmen. In jedem einzelnen Jahr hat Deutschland seine Schulden erhöht. Spätestens 1970 hätten die Alarmglocken schrillen müssen. Sie sehen an der Grafik einen der wesentlichen Zusammenhänge: Neue Schulden über immer neue Kredite weiten die Geldmenge aus. Bis auf kleinste Einsparbemühungen der Schröder-Regierung zum Anfang des dritten Jahrtausends ging der Staat immer über neue Kredite.

Sie sehen: Der immer höheren Verschuldung steht eine immer größere Geldmenge gegenüber. Der immer gleiche Verlauf des Staatsbankrott-Drehbuchs. Vollkommen unabhängig davon, wie stark die Wirtschaft gewachsen ist, wie hoch das Bruttoinlandsprodukt, Bruttosozialprodukt und die anderen statistischen Messgrößen ausgefallen sind. Schulden und Steuern explodieren – auch bei uns.

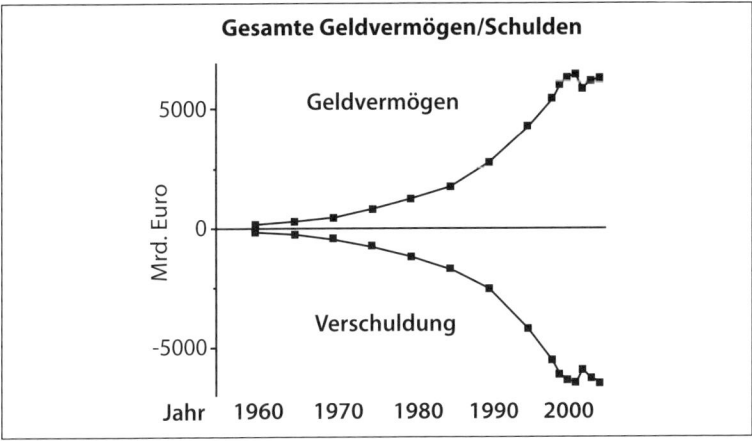

Quelle: Deutsche Bundesbank, Gesamtwirtschaftliche Finanzierungsrechnung

Der Hauptteil: Schlüsselszenen im Drama »Staatsbankrott«

Regierungen treten auf die Bühne – vor die Kameras, vor das Parlament oder vor die Öffentlichkeit – und verkünden:

>»Wir können unsere Schulden (derzeit) nicht zahlen.«

Das ist der Staatsbankrott – eine klassische Bankrotterklärung. Ungarn ist aktuell so weit. Japan hat es durch den neuen Ministerpräsidenten Naoto Kan bereits angedeutet:

>»Wir können die öffentlichen Finanzen nicht aufrechterhalten, indem wir weiter übermäßig Schuldscheine verkaufen.«
>»Es gibt das Risiko des Bankrotts, wenn die wachsenden Schulden ignoriert würden und das Vertrauen an den Anleihemärkten verloren ist.«

In der Geschichte und in der Zukunft gibt es verschiedene Varianten dieses einen Grundübels Staatsbankrott. Hier einige Varianten, die entweder eine faktische Bankrotterklärung sind oder auf eine faktische Bankrotterklärung hinauslaufen.

Schuldabtrag nicht mehr möglich

»Wir können unsere Schulden nicht zahlen, wollen aber verhandeln.« Das ist nichts anderes als ein Erpressungsversuch gegenüber den Gläubigern und den eigentlich Haftenden, also dem Volk. Niemand außer dem Volk besitzt das Staats- oder Volksvermögen. Folglich wird das Volk womöglich mit seinem Vermögen zur Schuldentilgung herangezogen, muss auf sein Privatvermögen verzichten und die Schulden des Staates auf sich laden. Oder die Gläubiger verzichten – teilweise oder ganz – auf ihre Forderungen.

Zinsen werden nicht bezahlt

»Wir können unsere Zinsen (derzeit) nicht zahlen (und versuchen eine Zinsstundung zu erreichen).« Auch dies ist eine Bankrotterklärung. Wer seine Zinsen nicht mehr zahlen kann, ist unfähig, künftig weitere Kredite zur Staatsfinanzierung aufzunehmen. In der Regel wird kein Gläubiger mehr bereit sein, einem solchen Staat durch den Kauf von Staatsanleihen weiter Geld zu geben. Aktuelles Beispiel ist Argentinien, das neun Jahre nach dem Staatsbankrott immer noch keinen Zugang zu den Privatkapitalmärkten hat.

Neue Schulden müssen permanent die Tilgung alter Schulden finanzieren

»Wir müssen neue Schulden aufnehmen (um unsere alten Schulden und die laufenden Zinsen zu begleichen).« Faktisch ist auch dies eine Bankrotterklärung wie aus der freien Wirtschaft. Auch Staaten haben - wie jüngst Griechenland am 19. Mai 2010 oder Portugal nur einen Tag später am 20. Mai 2010 - nicht nur eine Zinspflicht, sondern auch eine Tilgungspflicht.

Das kennen Sie, wenn Sie einen Kredit für Immobilien aufgenommen haben – kein Kreditgeber erlaubt Ihnen von sich aus, die Tilgung zu strecken. Wer seine Tilgung nur noch durch die Aufnahme neuer Kredite schaffen kann, ist faktisch bankrott. Deutschland im Frühjahr 2010 ist soweit.

Das aktuell sichtbare Beispiel aber ist Griechenland. Ohne die Beihilfen in Höhe von gut 20 Mrd. Euro aus der EU könnte Griechenland seinen Verpflichtungen nicht mehr nachkommen. Ohne rechtliche Grundlage hat Griechenland die Euro-Zone schlicht und ergreifend erpresst. Ein Staatsbankrott ohne formelle Erklärung. Spanien ist das nächste Land, das Staatshilfen benötigt.

Schuldscheine ersetzen offizielles Geld

Staaten begleichen ihre Schulden und Zahlungsverpflichtungen (beispielsweise fällige Sozialleistungen, die gesetzlich geregelt sind) nicht mehr wie gewohnt mit Geld, sondern etwa mit Schuldscheinen oder mit Leistungsmarken, also Anspruchsdokumenten wie Lebensmittelkarten.

Aktuell ist das in Kalifornien, USA, zu besichtigen. Dort heißt der faktische Bankrott »Finanznotstand«. Anfang Juli 2009 war der Zeitpunkt der Bankrotterklärung gekommen:

- 28.742 so genannte I.O.U.s, also Schuldscheine, ließ Gouverneur Arnold Schwarzenegger drucken. »I owe you« heißt »Ich schulde Ihnen«. Diesen Zettel erhielten Gläubiger des Staates, die insgesamt Forderungen von 53,3 Millionen US-Dollar hatten. Diesen »finanziellen Notstand« kann der Staat rechtlich verkünden, er kann sogar Schuldscheine drucken – und es ist doch faktisch ein Bankrott. In der freien Wirtschaft könnten Sie als Gläubiger ohne weiteres diese Schuldscheine ablehnen – aber wie können Sie dies dem Staat gegenüber tun?

- Die Beamten Kaliforniens mussten Sonderurlaub nehmen – unbezahlt. Kaufmännisch betrachtet heißt dies nur: »Ihr (Beamte) erhaltet kein Geld mehr, wir verweigern unsere rechtliche Verpflichtung zur Zahlung der Gehälter.« Ebenfalls eine Bankrotterklärung. In der freien Wirtschaft müssten Sie sich als Schuldner vor Gericht verantworten und würden – in Deutschland – letztlich in die Insolvenz gezwungen, um sich so überhaupt erklären zu können.

- Politisch ist der Bankrott schon lange zu sehen. Denn: Die Regierung Schwarzenegger hat ihr Vermögen privatisiert, Gebäude verkauft, Gefängnisse privatisiert, sogar Gefangene freigelassen und die Gesundheitsvorsorge drastisch zusammengestrichen.

- Wer über weitere Monate den faktischen Bankrott immer noch nicht wahrhaben wollte, musste sich spätestens im Sommer (August 2009) eines besseren belehren lassen. Kalifornien ging über zu einem regelrechten Lagerhallenverkauf. Notebooks, Handys (Blackberrys), Autos aus den staatlichen Beständen – was nicht niet- und nagelfest war, kam unter den Hammer.

»Sparmaßnahmen« sollen den Staat retten

Bevor der Staat seinen Bankrott öffentlich zugeben wird, »saniert« er den Haushalt – scheinbar. Sparmaßnahmen und Steuererhöhungen begleiten den Bankrottprozess. Hiermit müssen Sie rechnen:

- Regierungen streichen Sozialhaushalte zusammen (Rentenkassen, Gesundheitskassen, Krankenhäuser werden geschlossen, Schulen nicht saniert, Kindergärten zusammengelegt und so weiter).

- Seine direkten Gläubiger, öffentliche Angestellte und Beamte, werden an Tariferhöhungen nicht beteiligt und

müssen in der nächsten Phase sogar Gehaltseinbußen hinnehmen. Griechenland und Spanien haben bei uns den
Anfang gemacht.

• Staat und Kommunen werden die Steuern erhöhen. Die
Möglichkeiten sind schier unbegrenzt. Denken Sie an aktuelle und frühere Steuern wie die Mehrwertsteuer, die
Börsenumsatzsteuer (heute nennt sich diese 1991 bei uns
abgeschaffte Steuer »Transaktionssteuer«), die Einkommensteuer, die Vermögenssteuer (Einführung oder Erhöhung), die Erbschafts- und Schenkungssteuer, die Mi-
neralölsteuer, die Ökosteuern und kleine Steuern wie
Zündwarensteuern, Wechselsteuer, Teesteuer, Zuckersteu-
er, Zweitwohnungsteuer (in Deutschland frisch »refor-
miert«), Essigsäuresteuer, Leuchtmittelsteuer, Hundesteu-
er und so fort.

Die gesamte Abgabenquote in Deutschland lässt sich (wenn Sie die
Gebühren mitzählen) nicht benennen, sie liegt aber schätzungsweise
bei knapp 55 %. Ein Wert, den der frühere Bundeskanzler Dr. Kohl
als »Sozialismus« bezeichnete.

Aber: Der Spielraum nach oben ist begrenzt. Der Staat kann sich
noch sehr bemühen – die Steuer- und Abgabenquote wird er nicht
mehr lange steigern können.

*Das Geld wird wertloser und wertloser (Inflation und
Hyperinflation)*

Die nächste Eskalationsstufe auf dem Weg in den Staatsbankrott ist
der Verfall des einzig anerkannten Zahlungsmittels. Staaten haben ihre Existenzberechtigung in der Grundform nur, wenn sie

• Staatsgrenzen haben,
• definieren können, wer Staatsbürger ist und wer nicht,
• ein Recht setzen, das nach innen und außen wirkt, und
• das Geldsystem festlegen und kontrollieren können.

Das Ganze findet sich in der Regel in »Verfassungen« und Einzelgesetzen wieder. Das Geldsystem verwalten im günstigen Fall staatlich kontrollierte Zentralbanken, die sich zur Anerkennung und Annahme dieser »Zahlungsmittel« verpflichten.

Die Geldentwertung durch Inflation ist nicht nur die nächste Eskalationsstufe, sondern historisch auch immer der beliebteste Weg zur »Entschuldung« gewesen.

Die verhängnisvolle Doppelrolle – die Ur-Sache der Staatsschulden

Blättern Sie in den Geschichtsbüchern. Immer wieder reißen Staatsregierungen oder Fürstenhäuser ihr Gebilde in den Schuldenabgrund. Die Ur-Sache liegt an der Struktur der Geldproduktion und der Rolle, die die Mächtigen dabei spielen. Wer die Macht hatte und hat, tritt in einer Doppelfunktion auf:

- Als Schuldner leiht er sich das Geld, das die Staatseinnahmen (oder die »Macht«-Einnahmen) derzeit nicht hergeben.
- Gleichzeitig haben die Mächtigen in den meisten historischen Situationen die Macht über das Tauschmittel Geld. Das heißt die Staatsmacht legt fest, in welcher Form »Geld« und in welchen Mengen »Geld« in Umlauf kommt: Münzen, Papiergeld bis hin zum heutigen Buchgeld.

Fürstenhäuser, Staatsregierungen (oder »unabhängige« Institutionen des Staates) betrieben Münzanstalten und später Notenbanken als Produzenten des selbst kontrollierten Geldes.

Der Anreiz liegt auf der Hand: Übersteigen die Schulden langfristig die Einnahmen, wird das Geld entwertet. Diese Strategie hat sich langfristig nicht immer als die beste herausgestellt, ist kurzfristig aber die mit Abstand beliebteste.

Gold und Silber – die Grundlagen für »gutes« Geld

Damit Geld überhaupt als Tauschmittel funktionierte, musste es – in den Augen der Nutzer – bestimmte Funktionen erfüllen:

➤ Knappheit: Geld muss knapp sein, um überhaupt einen Wert in einer Wirtschaft der knappen Güter darstellen zu können. Knapp gegen knapp, so das einfache Grundgesetz.

➤ Haltbarkeit: Damit Geld überhaupt reizvoll als Tauschmittel ist, musste es über einen größeren Zeitraum halten. Je weniger haltbar Geld, desto reizvoller wäre es, gleich zum Sachtausch überzugehen – um auch später noch tauschen zu können.

➤ Teilbarkeit: Um in verschiedensten Größenordnungen tauschen zu können, muss Geld teilbar sein – ein wesentlicher Vorzug gegenüber Naturalgeld beispielsweise in Form von Vieh.

➤ Vertrauenswürdigkeit: Das Geld muss bekannt und möglichst weit verbreitet sein. Je größer das Vertrauen und der Verbreitungsgrad, umso besser funktioniert ein bestimmtes Geld. Bestes Beispiel ist Silber: Mit dem 5. oder 6. Jahrhundert vor Christi Geburt haben es die Griechen als Zahlungsmittel eingeführt – und es hielt über Jahrtausende bis ins 20. Jahrhundert.

Bestes Gegenbeispiel sind aktuell argentinische Peso: Der argentinische Staat versucht heute noch nach dem Staatsbankrott von 2001 Geld an privaten Kapitalmärkten aufzunehmen. Wer aber verleiht heute Geld und lässt es in argentinischen Peso bewerten?

Geldentwertung leicht gemacht

Was früher die Beimischung von Metallen zu Edelmetallmünzen war, setzte sich bei der Abschaffung des Goldstandards fort. Immer stärker entkoppelte sich das Geld von dahinterliegenden Werten. »Fiat money« (»Fiat« heißt. »Es werde«) bezeichnet die Fähigkeit des Staates, Geld selbst als Geld einfach zu erklären. Ein Staat muss nur, sagen wir Monopoly-Geld zu Zahlungsmitteln erklären, schon wird es offizielles Geld.

Das ist die Ur-Sache der galoppierenden Staatsschulden und der kommenden Inflation, die in einen Staatsbankrott münden wird. Der Staat als Schuldner und Geldproduzent verfolgt in der krisenhaften Entwicklung andere Interessen als wir sonstigen Geldverwender.

Eine Quelle immer neuer Schulden: Der Zins

Die Theorie der »guten« Staatsführung sah immer schon und besonders nach dem zweiten Weltkrieg vor, dass der Staat in schlechten wirtschaftlichen Zeiten die Wirtschaft ankurbeln würde und in den besseren Kredite zurückzahlte.

Fakt ist aber: Seit 1965 hat Deutschland niemals mehr Schulden zurückgezahlt, auch nicht in wirtschaftlich prosperierenden Zeiten. Deutschland »schuldet um«. Alte Kredite und vor allem die Zinsen darauf werden durch neue Kredite bezahlt. Eine systematische Falle nach dem berühmten Zins- und Zinseszinseffekt:

Anfangs geringe Schulden und geringe Zinsen werden, sofern nicht rechtzeitig alles zurückgezahlt wird, mit der Zeit wachsen. Sie wachsen stetig und treiben das Spiel irgendwann selbst an. Ein Zahlenbeispiel dazu:

Der Staat leiht sich Geld in Höhe von 1 Million Euro und zahlt 5 % Zinsen pro Jahr, also 50.000 Euro. Dieses Geld verbraucht er (in Höhe von 1 Million Euro), weil die Staatseinnahmen um 1 Million Euro geringer als die Ausgaben sind. Sagen wir: Im Staatshaushalt stehen 10 Millionen Euro Ausgaben nur 9 Millionen Euro Einnahmen gegenüber.

Im darauffolgenden Jahr müsste der Staat insgesamt 2 Millionen Euro mehr einnehmen, um a) seinen Verpflichtungen nachzukommen und b) die Schulden zurückzuzahlen. Er müsste also 11 Millionen Euro (+50.000 Euro) einnehmen, um wieder bei Null zu landen.

Schafft er das nicht, gerät er in eine Spirale. Das Teuflische an der Zins- und Zinseszinsspirale ist ihre anfängliche Ruhe. Sehen Sie in diesem vereinfachten Beispiel was passiert, wenn der Staat hier in den Folgejahren es immerhin schafft, jeweils die Ausgaben der normalen Staatsführung mit den Einnahmen zu decken (noch nicht einmal dies hat Deutschland in den vergangenen 45 Jahren geschafft). Auf eine Rückzahlung der Schulden muss der Staat zunächst verzichten:

Jahr	Schulden inklusive aufgelaufener Zinsen
1	1,05
2	1,10
3	1,16
4	1,22
5	1,28
6	1,34
7	1,41
8	1,48
9	1,55
10	1,63
11	1,71
12	1,80
13	1,89
14	1,98
15	2,08
16	2,18

Grafisch sieht das zunächst – wie bereits gesagt – ganz ruhig aus. Fast linear, beherrschbar:

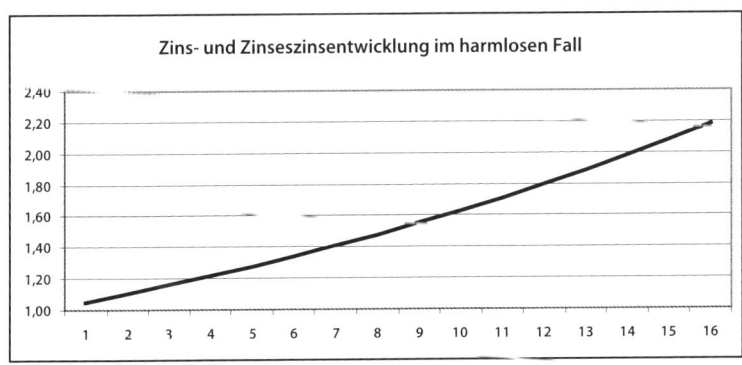

Eine kleine Variation der Annahme: Die Zinsen steigen um 2 Prozentpunkte, weil der Staat mit anderen Staaten und Unternehmen um das Geld konkurrieren muss. Im Jahr 3 steigen die Zinsen daher von 5 % auf 7 %. Die Grafik dazu:

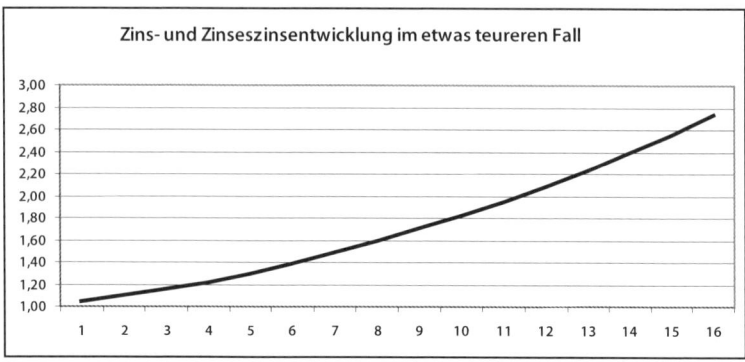

Und als drittes Beispiel: Leider gelingt dem Musterstaat der ausgeglichene Haushalt nicht immer. In einem einzigen Jahr nur, im Jahr 7, muss er erneut eine Million Euro ausleihen – weil er zum Beispiel eine kleine militärische Auseinandersetzung führen muss.

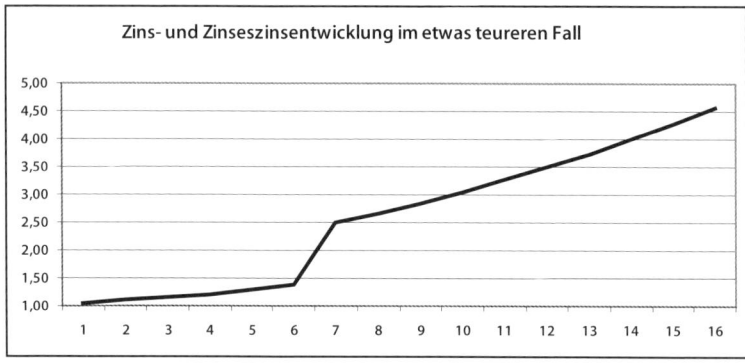

Aus einer Million Schulden werden bei solidester Staatsführung in nur drei bis vier Legislaturperioden immerhin knapp 5 Millionen. Erinnern Sie sich bitte kurz: Der ganze Staatshaushalt besteht in unserem Beispiel aus nur 10 Millionen Euro.

Geldentwertung: Heute wie gestern

Genau festgelegt oder festzulegen ist wie gesagt nicht, wann ein Staat bankrott ist. Eine faktische Bankrotterklärung aber ist es, wenn das Geld rasend schnell weniger wert wird. Im Inneren des Staates kann eine Regierung, können Behörden ihre Rechnungen dann zwar noch begleichen, gegenüber der Außenwelt aber ohne politische Bittstellerei nicht mehr.

Das Schauspiel des faktischen Staatsbankrotts, die Hauptszene, läuft damit schon seit geraumer Zeit. Das Grundmuster lautet auch hier: »Wir können unseren Verpflichtungen dauerhaft nicht nachkommen, ohne immer schneller Geld zu drucken (Inflation) und immer schneller und drastischer die Steuern zu erhöhen«.

Der Hauptteil des Drehbuchs »Staatsbankrott« ist geschrieben. Es fehlt nur noch das Finale. Wenn Sie auch den Schluss kennen, können Sie sich mit unseren Lösungen zum Schutz Ihres Vermögens beschäftigen.

Das Finale

Es kommt zum Staatsbankrott, zum faktischen Staatsbankrott. Sofern die Regierungen und Staaten noch genügend Spielraum haben, können sie sich den Weg aussuchen. Aktuell verlieren Deutschland und die Eurozone jedoch bereits den Faden, indem sie immer mehr und immer schneller Geld in das Wirtschaftssystem pumpen.

Die große Flucht der Akteure aus Geld und Währungen

Vorab jedoch entleeren sich Zuschauerraum und die Schauspielbühne.

1. »Smart Money«, so nennen Wirtschaftswissenschaftler und -analysten die gut informierten, wohlhabenden Kreise, verlassen sowohl die Währung als auch das Land, sprich die Bühne. Dies zu erkennen ist nicht einfach. Statistiken gibt es nicht, nur Meldungen in Boule-

vardmedien oder auf den Wirtschaftsseiten in seriösen Medien. Unser Eindruck: Das »Smart Money« ist schon längst aufgebrochen. Immer mehr Prominente wohnen im Ausland, immer mehr Industrielle oder Händler haben das Land verlassen. Dieser Eindruck aus den Medien mag täuschen – entsprechende Hinweise von Beratern aus »Family Offices«, die große Vermögen verwalten, dagegen nicht. Die Auslandslust nimmt zu – und mit ihr das Vermögen, das aus Deutschland abwandert.

2. »Big Money« ist die nächste der großen Parteien, die sich zurückzieht. Das sind offizielle, institutionelle Investoren. Die großen Fonds, Banken mit ihren Investments, Versicherungen und Pensionsfonds. »Big Money« ist bei uns in Deutschland noch engagiert und damit nicht ausgewandert. Ein positives Zeichen und ein Hinweis darauf, dass Sie noch etwas Zeit haben. Rechtlich wäre es für Banken, Fonds und Versicherungen kein Problem, das Geld außer Landes zu investieren. Jede Aktie, die im Ausland gehandelt wird, bietet die Chance zum Kapitaltransfer, ganz legal. Sobald sich die Nachrichten mehren, dass Unternehmen wie Allianz im Ausland investieren oder immer mehr Fonds in Luxemburg ihren Stammsitz haben, dürfen Sie dies als Fluchtbewegung auffassen. Flucht vor höheren Steuern, mehr Regularien – kurz, vor einem Staat, der noch versucht, sich vor dem Staatsbankrott zu retten.

3. Die Flucht der breiten Masse vor dem eigenen Geld. Aktuell ist das Geldvermögen in Deutschland etwa wie folgt aufgeteilt:

- Bankkonten: Rund 1.600 Mrd. Euro
- Lebensversicherungen: Rrund 1.200 Mrd. Euro
- Aktien: Rund 950 Mrd. Euro
- Rentenansprüche: Rund 330 Mrd. Euro
- Pensionsrückstellungen: Rund 250 Mrd. Euro
- Sonstige: Rund 200 Mrd. Euro

Sobald der Anteil auf Bankkonten oder von Lebensversicherungen deutlich geringer wird, hat die »Masse« begonnen zu flüchten. Die breite Masse wird jedoch nicht nur den Euro und die eigenen Bargeldbestände, sondern auch den US-Dollar verlassen. Fremdwährungskonten werden aufgelöst, amerikanische und sonstige Anleihen, die auf US-Dollar lauten, werden verkauft.

4. Wer die Flucht verpasst, wird für sein Geld nichts mehr kaufen können. Auch das ist durchaus möglich. Denn nicht alle Menschen überblicken die maroden Staatsfinanzen. Die massiven Proteste des kleinen Mannes gegen Sparmaßnahmen und Kürzungen sprechen eine deutliche Sprache. Wer auch jetzt noch auf Geld(ansprüche) setzt, wird zu den Verlierern gehören.

Noch sind Sachwerte günstig zu haben. Wer sicher gehen möchte, sollte sein Vermögen möglichst schnell umschichten.

Zwangsmaßnahmen des Staates

Der Staat wird einzelne Rettungsmaßnahmen ergreifen. Zwangsmaßnahmen, um genau zu sein:

- Er wird Fonds die faktische Erlaubnis geben, Anteile (gegen Geld) nicht zurückzunehmen. In den USA ist dies bei Geldmarktfonds bereits möglich, in Deutschland sind vergleichbare Maßnahmen für offene Immobilienfonds geplant.
- Er wird Banken schließen.
- Er wird einzelne Konten sperren (z. B. Gehaltskonten oder Konten mit höheren Vermögen).
- Er wird Bargeldgeschäfte einschränken (faktisch beschlossen ist das für Griechenland ab dem 1. Januar 2011, in Italien sind solche Maßnahmen geplant)
- Er wird die Laufzeiten von Staatsanleihen zwangsweise verlängern.

Der Phantasie sind keine Grenzen gesetzt – drastischere Maßnahmen wären etwa Zwangsarbeiten (statt bezahlter öffentlicher Dienste – jetzt etwa wieder für Hartz-IV-Empfänger in der Diskussion).

Jeder faktische Staatsbankrott (die faktisch nachhaltige Unfähigkeit zu zahlen) wird – vor allem nach einer Inflation – zu einer der folgenden Varianten führen.

Verhandlungen mit Gläubigern über die ausstehenden Schulden

Eine denkbare Variante wird von Argentinien vorgeführt. Ein bankrotter Staat kann über Erpressung entweder Teilzahlungen als Vollzahlung anerkennen lassen, kann über einen vollständigen Schuldenerlass verhandeln oder die Tilgung strecken. All dies wird begleitet von einer supranationalen Institution wie dem Internationalen Währungsfonds (IWF) und der Weltbank. Die Wahrscheinlichkeit in der aktuellen Weltwirtschaftskrise für ein derartiges Szenario ist jedoch nahe Null. Denn: Zu viele Staaten würden einen Teilerlass fordern.

Übernahme der Staatsgeschäfte durch das Militär

Auch dass das Militär die Macht übernimmt, ist denkbar. In Deutschland halten wir das aber für unwahrscheinlich. Diktatorische Lösungen sind bei lokal begrenzten Krisen eventuell erfolgversprechend, nicht aber, wenn alle wesentlichen Staaten beteiligt sind.

(Nach einer Inflation): Währungsreformen und Währungsschnitt

Dieses Muster ist das wahrscheinlichste. Die Sanierung maroder Staatsfinanzen erfolgt einfach, in dem die Währung »neu berechnet« wird. Eine einfache Währungsreform definieren wir so, dass eine Währung neuen Regelungen unterworfen wird. Möglich sind

- eine neue Zentralbank mit Oberaufsicht über die Währung,
- neue Verschuldungsgrenzen,

- neue Geltungsbereiche (etwa für die Eurozone, die sich auf Kerneuropa konzentrieren könnte),
- ein neuer Name für die Währung,
- Zinsverbote im Währungsraum

und ähnlich drastische Maßnahmen.

Der härtestmögliche Einschnitt wäre es, unsere einfachen Papiergeld-Währungen wieder an ein knappes Gut zu koppeln, etwa an Gold. Sofort würde die Produktion von Geld (der Währung) Marktgesetzen unterworfen. Das würde die Macht der Regierungen unterlaufen. Vorschläge existieren bereits, allein: Es fehlt der Glaube. Regierungen würden damit ihre einzig verbliebene größere Macht abgeben – die Tauschmittel-Produktion.

Ein Währungsschnitt ist unserer Definition nach eine etwas »andere« Währungsreform. Hier wird nicht der Name oder werden die Rahmenbedingungen geändert, sondern der Wert oder die Währung als solche.

1. Entweder ein Währungsschnitt führt zu einer »Währungsumstellung« auf eine Währung anderen Namens. Ein Beispiel aus der jüngeren Vergangenheit: Die Umstellung der DDR-Mark auf die D-Mark.
2. Die Währung selbst kann einfach entwertet werden (Musterbeispiel: Italien). Aus 1.000 Euro etwa könnten per Währungsschnitt / gesetzlicher Regelung über Nacht 100 Euro werden. Die Währung läuft dann zwar noch unter altem Namen weiter, faktisch jedoch wird eine neue Währung nach Schritt 1 geschaffen.

Das wahrscheinlichste Szenario

Währungsreform und Währungsschnitt sind neben Kriegshandlungen die einzig denkbaren »Lösungen« für Überschuldungen. Rechnen Sie damit, dass es auch in der Eurozone und in Deutschland eines Tages »über Nacht« eine Reform, höchstwahrscheinlich sogar einen Währungsschnitt geben wird.

Denkbare Modelle sind:

- Geldkonten werden gesperrt, Vermögen konfisziert, jeder Bürger erhält eine »Grundausstattung«
- Ein Teil der Geldvermögen wird über Nacht gesperrt und gleichzeitig abgewertet, etwa im Verhältnis 1:10 (wie 1948). Der andere Teil der Geldvermögen wird im Verhältnis 1:1 ausgezahlt – oder im Verhältnis 1:2 (wie in der DDR geschehen)
- Schulden werden in einem ähnlichen Verhältnis zwangsweise »umgetauscht«.
- Schulden des Staates werden in einem beliebigen, vom Staat festgesetzten Verhältnis umgetauscht. Im Extremfall können staatliche Verpflichtungen vollständig entwertet werden.

Sachvermögen können im Staatsbankrott nicht »entwertet«, jedoch konfisziert oder mit hohen Abgaben belegt werden.

Das Ideal-Depot für Währungsreform oder Währungsschnitt

Aus diesen Grundmodellen heraus haben wir ein Depot entwickelt, das verschiedenen Szenarien gerecht werden wird. Wir bevorzugen eindeutig Sachvermögen, da Geldvermögen entweder über die Inflation oder über Währungsreformen und -schnitte vernichtet werden. Anders als spezielle Gurus jedoch empfehlen wir Ihnen, sich nicht auf einzelne Sachwert-Klassen festzulegen. Welche Maßnahmen ein Staat nach dem Staatsbankrott gegenüber Sachwerten vornehmen wird, ist nicht vorherzusehen – es ist noch nicht einmal geplant. Verteilen Sie daher Ihr Geldvermögen auf die verschiedenen Sachanlagen – und Sie sind vor allen Eventualitäten geschützt.

Kein Staat wird alle Sachvermögen gleichermaßen und in gleichem Tempo entwerten (durch Abgaben oder Zwangskonfiszierung). Sachvermögen wird daher erhalten bleiben. Und dann gilt die Gleichung:

Sachvermögen (alt) = Sachvermögen (neu) => Ihr Vermögen bleibt erhalten.

Sichern Sie sich das Sachvermögen, werden Sie nach einem Staatsbankrott (wie nach jedem Staatsbankrott) dem Geldvermögen relativ weit überlegener sein als vor dem Staatsbankrott. Bevor wir jedoch zu konkreten Empfehlungen kommen, lassen Sie uns die aktuelle Situation der Weltwirtschaft und ihre Gefährdung durch Staatsbankrotte analysieren.

3. Griechenland ist nur die Spitze des Eisberges – auch grosse Wirtschaftsnationen sind in Gefahr

Die Griechenland-Krise ist nur die Spitze des Eisbergs. Auch die großen Wirtschaftsnationen USA, Großbritannien und Japan marschieren stramm in Richtung Staatsbankrott.

Wenn Sie beim Internetsuchdienst Google die Wortkombination »Griechenland Krise« eingeben, erhalten Sie rund 3 Mio. Treffer – Tendenz stark steigend. Innerhalb weniger Wochen ist das wirtschaftlich recht unbedeutende Griechenland in den Fokus der Medien geraten. Ein kleiner EU-Staat mit gut 11 Mio. Einwohnern und einem Bruttosozialprodukt von rund 240 Mio. Euro treibt den Investoren an den internationalen Devisen-, Renten- und Aktienmärkten den Angstschweiß auf die Stirn. Seit Beginn der Griechenland-Krise ist die europäische Gemeinschaftswährung von über 1,50 auf 1,20 US-Dollar je Euro abgestürzt.

Verblüffend ist dabei nicht der Wechselkurs an sich – im 10-Jahres-Vergleich liegt er durchschnittlich fast genau bei 1,20 US-Dollar je Euro – sondern das extreme Tempo des Kursverfalls.

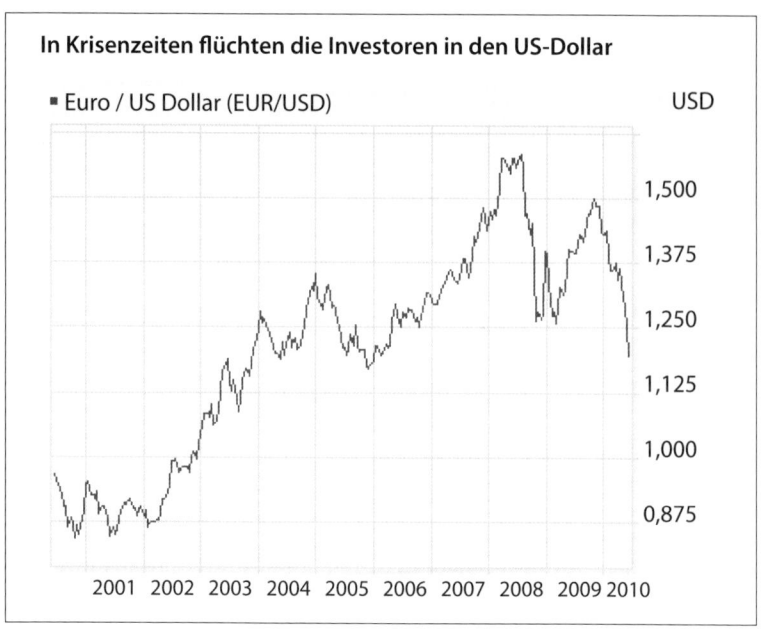

In Krisenzeiten flüchten die Investoren in den US-Dollar

■ Euro / US Dollar (EUR/USD)　　　　　　　　　　　　　USD

Im Crash-Jahr 2008 – mit der Pleite der Bank Lehman Brothers
als Höhepunkt – und als Reaktion auf die Krise des EU-Mitglieds
Griechenland wurde aus der maroden US-Währung plötzlich wieder der »sichere Hafen«.

Die Griechenland-Krise macht deutlich, dass die europäische
Gemeinschaftswährung kein solides Fundament besitzt. Wie jede
Papierwährung neigt auch der Euro dazu, in der langfristigen
Betrachtung an Kaufkraft zu verlieren. Uns ist keine einzige Papier-
währung bekannt, die länger als 100 Jahre stabil war.

Im Verlauf der Krise könnte die grundsätzliche Euro-Schwäche
überdeckt werden, wenn es den betroffenen Regierungen und
Notenbanken gelingt, Griechenland in der Öffentlichkeit als »Ein-
zelfall« darzustellen. Es gibt durchaus Ansatzpunkte, die den Fall einzigartig machen.

44

Der Fall Griechenland: Die Schattenwirtschaft dominiert

Schätzungen von Griechenland-Experten besagen, dass die Schattenwirtschaft einen Anteil von rund 40 % an der wirtschaftlichen Gesamtleistung hat. Die Griechen gelten als Europameister in der Disziplin, Steuern zu umgehen. Wenn die offiziellen Steuererklärungen stimmen würden, könnten viele Freiberufler oder ganze Unternehmen dauerhaft nicht überleben, weil die ausgewiesenen Umsätze und Gewinne viel zu niedrig sind. Durch Schwarzarbeit werden systematisch Steuern hinterzogen. Das geringe Steueraufkommen verhindert in Griechenland selbst in wirtschaftlichen Boom-Jahren einen auch nur ansatzweise ausgeglichenen Haushalt. Dem Staat fehlen schlicht und einfach die Einnahmen.

Die Ausgabenseite sieht aber auch nicht besser aus. Es ist in allen demokratischen Systemen üblich, dass Wahlgeschenke an bestimmte Gruppen verteilt werden. Aber in Griechenland wurden potenzielle Wählergruppen besonders stark belohnt (niedriges Renteneintrittsalter, kaum Abschläge bei der Rente, 14. Monatsgehalt für alle Angestellten etc.). Auch hier gilt: Das aktuelle Ausgabenniveau lässt selbst in konjunkturell guten Phasen keinen ausgeglichen Haushalt zu.

Heute wissen wir auch, wie es der ehemaligen griechischen Regierung gelungen ist, diese Doppel-Schwäche zwar nicht zu verbergen (dafür war die Finanzierungslücke zu groß), aber zumindest optisch kleiner erscheinen zu lassen: Die Regierung hat massiv die Statistiken gefälscht. Das böse Erwachen erfolgte, als die neue Regierung einen Blick hinter die Kulissen wagte.

Goldman Sachs hilft beim Verschleiern

Zu den kuriosen Randnotizen gehört, dass einige amerikanische Großbanken dabei geholfen haben, die echte Schuldenbelastung zu verschleiern. Zu den wichtigsten Akteuren gehörte die US-Bank Goldman Sachs. Angesichts der engen personellen Verbindung von Goldman Sachs und der US-Regierung stellt sich die Frage, ob die US-Regierung die wahre Lage der griechischen Staatsfinanzen besser kannte als die EU-Partnerstaaten.

Wichtige Personen, die in ihrer beruflichen Laufbahn zuerst bei Goldman Sachs und dann in der US-Regierung aktiv waren, müssen fast zwangsläufig über dieses Insider-Wissen verfügt haben. Exemplarisch möchte an dieser Stelle nur auf die zwei bekanntesten Köpfe hinweisen:

Robert F. Rubin arbeitete bis 1992 für die US-Bank Goldman Sachs und wurde nach einer kurzen zeitlichen Pause im Jahr 1995 zum 70. US-Finanzminister ernannt. Noch spektakulärer war eine Personalrochade im Jahr 2006: Henry M. Paulson, von 1999 bis 2006 der CEO von Goldman Sachs, wurde direkt vom Chefsessel der US-Bank in die US-Regierung befördert und war von 2006 bis 2009 der 74. Finanzminister.

Es ist extrem unwahrscheinlich, dass zwei führende Köpfe von Goldman Sachs während ihrer Amtszeit nie etwas von den Dienstleistungen erfahren haben, die Griechenland in Anspruch genommen hat, um das Schuldenproblem zu kaschieren.

Fast noch spannender ist die Frage, welche Staaten diese Dienstleistungen noch in Anspruch genommen haben. Wenn Paulson und Rubin ihr Insiderwissen mit anderen Regierungsmitgliedern geteilt haben, besitzt die US-Regierung einen strategisch wertvollen Informationsvorsprung. Andere Länder, die bei den kleinen Statistik-Tricks noch nicht erwischt wurden, wären dann erpressbar oder könnten versucht sein, sich in den internationalen Gremien auf die Seite der USA zu schlagen, weil sie befürchten, zu einem zweiten Fall Griechenland zu werden.

Der Fall Griechenland bietet also sehr viele bemerkenswerte Punkte – fast schon zu viele. Das Problem: Durch die vielen Nebengeräusche (statistische Tricks, Regierungswechsel, Verbindung zu Goldman Sachs) lenkt die Griechenland-Krise vom eigentlichen Kern ab. Fast alle Staaten weisen ein massives Schuldenproblem auf und sind potenzielle Bankrott-Kandidaten. Griechenland ist keine »exotische« Ausnahme. Durch die bereits genannten Punkte wurde die faktische Zahlungsunfähigkeit nur schneller und deutlicher sichtbar als in anderen Staaten. Griechenland ist also nur die sichtbare Spitze des Eisbergs. In den nächsten Wochen oder Monaten werden weitere Staaten auch öffentlich den Staatsbankrott erklären müssen.

Staatsbankrott: Die Rolle der Zentralbanken

Es gibt für Staatsbankrotte zwar keine einheitliche Definition. Dafür aber gibt es in der Fachliteratur viele Erklärungen, welche Merkmale ein Staatsbankrott hat. Eine einfache, aber überzeugende Erklärung: Ein Staat ist bankrott, wenn er sich am freien Markt nicht mehr ohne fremde Hilfe refinanzieren kann. Griechenland hat dieses Kriterium erfüllt. Zum angebotenen Zinssatz war die Nachfrage nach Staatsanleihen deutlich geringer als das Angebot. Aber auch hier gilt: Griechenland ist nur die Spitze des Eisbergs.

Die internationalen Zentralbanken erwerben im großen Stil Staatsanleihen. Ohne diesen Eingriff würde schlagartig aufgedeckt, dass es noch viel mehr Staaten gibt, die im freien Markt nicht mehr ausreichend Käufer finden. Die US-Notenbank Fed gehört seit vielen Jahren zu den wesentlichen Stützen in dieser Verschleierungstaktik, die Europäische Zentralbank hat diese Rolle erst im Mai 2010 zwangsweise übernommen. Der Nebeneffekt: Wenn Zentralbanken im großen Stil Staatsanleihen kaufen und die Regierungen mit Liquidität versorgen, nennt man das umgangssprachlich »Geld drucken«. Dieser Vorgang ist ein Auslöser für den nächsten Inflationsschub.

Deutschland: Schulden, Schulden, Schulden ...

Deutschland versinkt im Schuldensumpf. Die Zahlen nehmen historische Dimensionen an: Die Staatsverschuldung ist Ende 2009 auf 1,7 Billionen Euro gestiegen. Laut dem Bund der Steuerzahler wächst der Schuldenberg in Deutschland pro Sekunde (!) um 4.439 Euro. Vom Baby bis zum Greis hat jeder Deutsche rund 21.000 Euro Schulden. Allein die Zinslast liegt trotz der aktuellen Niedrigzins-Phase bereits bei 70 Mrd. Euro pro Jahr. Im Jahr 2011 können wir dann auch noch ein trauriges Jubiläum feiern: Dann ist es genau 50 Jahre her, dass Deutschland die Nettoverschuldung über einen längeren Zeitraum systematisch senken konnte. Seit 1961 stieg die Staatsverschuldung praktisch ohne Unterbrechung, oder stagnierte im besten Fall, wie Sie dem Schaubild über die deutsche Staatsverschuldung in Kapitel 1 entnehmen können.

Deutschland verstößt seit dem Krisenjahr 2009 gleich mehrfach gegen die Maastricht-Kriterien für Stabilität im Euro-Raum. Die Neuverschuldung 2009 lag bei über 3 %. 2010 bessert sich das nicht. Die Gesamtverschuldung hat die Grenze von 60 % des Bruttoinlandsprodukts längst überschritten. Es ist paradox: Deutschland hat einst für die Stabilitätsregeln gekämpft und gehört jetzt selbst zu den »Sündern«, die dagegen verstoßen. Ein Musterschüler sieht anders aus.

Zweierlei Maß für Unternehmen und Staaten

Die Lage der deutschen Staatsfinanzen ist alles andere als rosig. 2010 wird erneut ein Horrorjahr für den Finanzminister. Ob 2011 oder 2012 eine Wende eingeleitet wird, steht noch in den Sternen. Man muss sogar kritisch hinterfragen, ob Deutschland tatsächlich noch das bestmögliche Kredit-Rating von »AAA« verdient hat. Wenn es ein Bewertungsmuster mit festen Kriterien geben würde, hätte Deutschland wohl schlechte Karten. Da die Notengebung durch die großen Rating-Agenturen Standard & Poor's, Moody's und Fitch jedoch ein ewiges Rätsel bleiben wird, kann Deutschland hoffen, noch länger das AAA-Rating verteidigen zu können (das macht die Kredite billiger).

Die Schuldenentwicklung zeigt Ihnen jedoch, dass die Lage ernst, ja sogar dramatisch ist. Ein Unternehmen, das über 50 Jahre praktisch nur Verluste erwirtschaftet, würde von der Bank oder am Rentenmarkt keinen einzigen Cent Kredit mehr bekommen.

Ganz anders beim Schuldner Deutschland. Unser Land gilt noch immer als erstklassiger Schuldner. Wenn Sie die Umlaufrendite der deutschen Staatsanleihen betrachten, könnten Sie sogar auf die Idee kommen, dass jedes Krisenjahr die deutschen Staatsanleihen noch beliebter macht. Die Renditen sinken und sinken. Die Investoren verlangen ständig geringere Risikoaufschläge. Dabei handelt es sich noch nicht einmal um eine »knappe Ware«. Deutsche Staatsanleihen gibt es auch 2010 massenhaft: Zum einen müssen Altschulden refinanziert werden, zum anderen kommt eine geplante Neuverschuldung in Höhe von gut 80 Mrd. Euro hinzu (die höchste Neuverschuldung in der Geschichte der Bundesrepublik Deutschland).

Diese Zahlen werden am Rentenmarkt jedoch wohlwollend aufgenommen. Die Umlaufrendite (= Durchschnittsrendite) der deutschen Staatsanleihen fällt im 10-Jahresrückblick von Rekordtief zu
Rekordtief. Die Anleihenkäufer geben sich mit Mini-Renditen von
gut 2 % zufrieden.

Die Umlaufrendite deutscher Staatsanleihen

**Obwohl Deutschland am Kapitalmarkt Rekordsummen einsammeln
muss, geben sich die Investoren mit historisch betrachtet extrem niedrigen Renditen zufrieden.**

Wenn Sie die Renditen der deutschen Staatsanleihen mit den Renditen der anderen EU-Staaten vergleichen, werden Sie feststellen,
dass sich Deutschland außergewöhnlich günstig verschulden kann –
und das gilt nicht nur für einen Vergleich mit Renditen von griechischen Staatsanleihen.

Der Grund: Die Lage der deutschen Staatsfinanzen ist desaströs, aber
die Verschuldungssituation der anderen Staaten ist – was kaum zu
glauben ist – noch schlechter. Betrachten Sie die Schuldensituation
in Deutschland:

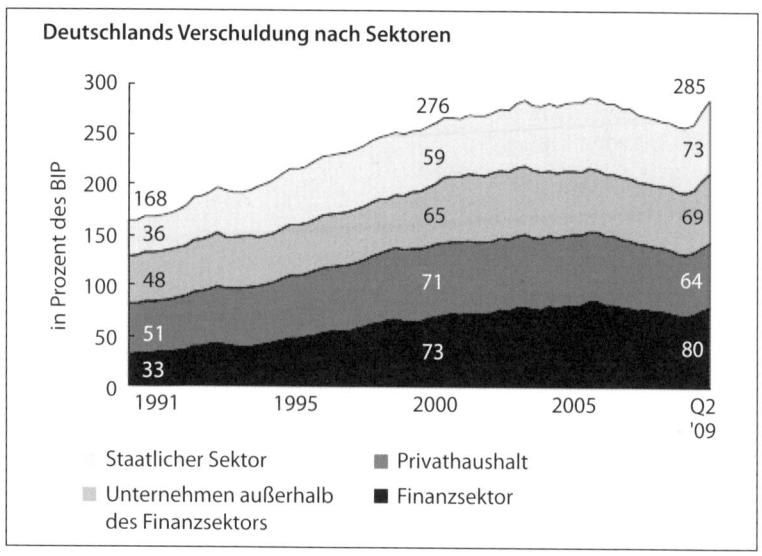

Quelle: Haver Analytics, McKinsey Global Institute

Wie Sie anhand dieses Schaubildes erkennen können, sind die Schulden in Deutschland relativ gleichmäßig gestiegen. Lag die staatliche Schuldenquote zu Beginn der deutschen Einheit bei 36 % des Bruttoinlandsprodukts (BIP), liegt die Quote knapp 20 Jahre später bei 73 %. Die Unternehmen außerhalb des Finanzsektors haben die Schulden von 48 auf 69 % des BIP erhöht. Fast schon als solide können die deutschen Privathaushalte gelten, die die Verschuldungsquote nur moderat auf 64 % erhöht haben – wie Sie später sehen werden, sieht diese Quote in anderen Ländern deutlich ungünstiger aus. Die höchste Steigerungsrate bei den Schulden weist – und wen kann das angesichts der jüngsten Krisen noch verwundern? – der Finanzsektor auf.

Fazit: Alle Gruppen haben am Schuldenrad gedreht. Der Anstieg verläuft jedoch relativ gleichmäßig. Damit ist die Schuldensituation im internationalen Vergleich noch relativ harmlos. Der Schuldenanstieg führt, wenn die Entwicklung in dieser Form fortgesetzt wird, zu einem schleichenden Bankrott, nicht zu einem schnellen Zusammenbruch. Diese Aussichten reichen, um die internationalen Investoren in deutsche Staatsanleihen zu treiben. Die Reaktion an den

Finanzmärkten konnten Sie weiter oben sehen: Die Umlaufrendite der deutschen Staatsanleihen ist drastisch gesunken. Deutschland gilt trotz der riesigen Probleme als ein »sicherer Hafen«.

Die verdeckten Schulden sind in Deutschland noch viel höher

Damit die Schuldensituation der einzelnen Länder miteinander verglichen werden können, werden in diesem Kapitel nur die offiziellen Schulden-Daten genannt. Die echte Verschuldungssituation ist, wie eingangs erwähnt, auch in Deutschland noch wesentlich dramatischer. Neben den offiziellen Schulden gibt es auch noch die verdeckten (die impliziten Schulden). Die verdeckten Schulden berücksichtigen zum Beispiel die zukünftigen Kosten für Renten, Pensionen, oder die steigenden staatlichen Ausgaben für Gesundheit und Pflege. Bernd Raffelhüschen, Chef des »Forschungszentrums Generationenverträge« der Universität Freiburg, nennt in einer Studie die Summe von 7,85 Billionen Euro, die gebraucht würde, um die offiziellen Schulden zu tilgen und die Zukunftslasten abzudecken. Diese gewaltige Zahl beinhaltet auch langfristige staatliche Zahlungsversprechen, wirft aber erneut die Frage auf, ob Deutschland noch ein Rating von »AAA« verdient hat. Die Schuldensituation spricht dagegen. Aber welche Noten sollen die Rating-Agenturen den restlichen Ländern geben, wenn Deutschland nur ein einfaches A-Rating erhalten würde? Zwangsläufig müssten serienweise Staatsanleihen auf »Ramsch-Niveau« herabgestuft werden. Das Rating »AAA« kann also nur mit dem Argument verteidigt werden, dass die deutsche Schuldensituation im Vergleich zu anderen Ländern noch relativ harmlos ist.

Die Tatsache, dass deutsche Staatsanleihen vergleichsweise sicher sind, reicht der breiten internationalen Inverstorenmasse, aber nicht allen Marktteilnehmern. So soll u. a. Ex-Finanzminister Peer Steinbrück öffentlich gesagt haben, dass er keine deutschen Staatsanleihen mehr kaufen würde. Der Mann war vor wenigen Jahren noch deutscher Finanzminister ... Wer an eine schnelle Eskalation der deutschen Schuldenkrise glaubt, findet im Internet einige interessante Verschwörungstheorien. So könnte der Rücktritt wichtiger Politiker aus der ersten Reihe damit zusammenhängen, dass die noch halbwegs weitsichtigen Insider (Roland Koch, Horst Köhler) das sinkende (Staats-)Schiff noch rechtzeitig verlassen wollen, um die Rettungsinsel Privatwirtschaft zu erreichen.

Japan und USA: Zwei Länder – zwei Schuldenprobleme

Die Schuldenbilanz sieht in anderen Ländern noch ungünstiger aus als in Deutschland. Wir wollen an dieser Stelle nicht die Schwachstellen der PIGS-Staaten (Portugal, Italien/Irland, Griechenland und Spanien) analysieren. Diese Länder können von der Gemeinschaft (EU, IWF etc.) noch aufgefangen werden.

Was ist aber, wenn ein Eckpfeiler der Weltwirtschaft wegbricht? Der Dominoeffekt dürfte zu einem weltweiten Schulden- und Wirtschaftschaos führen. Werfen wir daher einen Blick auf die Schuldensituation in den USA und in Japan.

USA: Die Lokomotive der Weltwirtschaft steht nicht mehr unter Dampf

In der Vergangenheit gab es am Ende einer Konjunkturkrise gewisse Gesetzmäßigkeiten: Aufgrund der starken Binnenkonjunktur und des flexiblen Arbeitsmarktes kam die US-Wirtschaft als erste große Wirtschaftsnation wieder auf die Beine und zog anschließend als Konjunktur-Lokomotive das träge Europa aus dem Krisen-Sumpf.

Es ist jedoch fraglich, ob die US-Wirtschaft auch zukünftig diese Rolle übernehmen kann. Ein Hauptdarsteller spielt nicht mehr mit: Der stets ausgabefreudige US-Konsument, der auch in schwersten Krise die Binnenkonjunktur stabilisierte. Der Konsumbereich war in der US-Wirtschaft in der Spitze für rund 70 % der BIP-Leistung verantwortlich. Das bedeutet: Ein dynamischer Aufschwung ist ohne die amerikanischen Konsumenten nicht denkbar. Und genau hier liegt das Problem, wie das Schaubild auf der folgenden Seite verdeutlicht.

In den Sektoren 1 (staatlicher Sektor) und 2 (Unternehmen außerhalb des Finanzsektors) ist die Schuldensituation ähnlich wie in Deutschland. Ausgerechnet im Finanzsektor sehen die US-Zahlen sogar besser aus als in Deutschland – trotz der spektakulären Pleite der US-Bank Lehman Brothers und trotz der Tatsache, dass im Jahr 2010 wahrscheinlich rund 200 kleinere und mittlere Banken Insolvenz anmelden müssen (Anfang Juni 2010 liegt die Zahl der Banken-Pleiten in den USA bei 80).

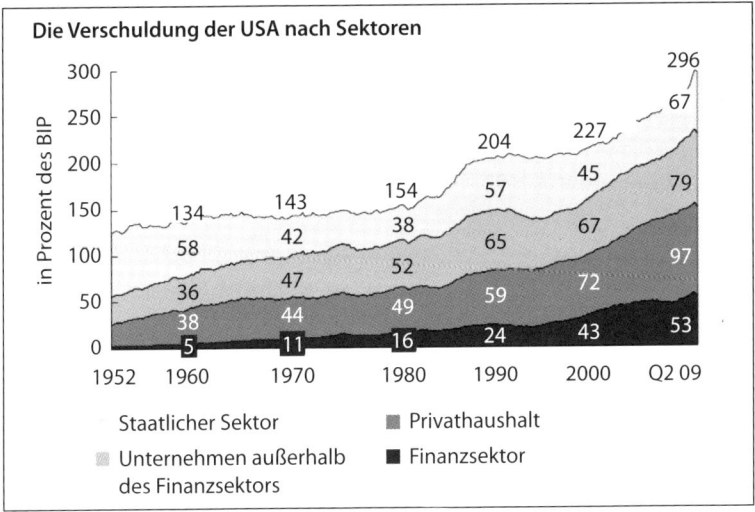

Die Verschuldung der USA nach Sektoren

Staatlicher Sektor · Privathaushalt · Unternehmen außerhalb des Finanzsektors · Finanzsektor

Quelle: Federal Reserve Flow of Funds, McKinsey Global Institute

Die große Bombe für die US-Wirtschaft liegt jedoch in Sektor 3. Die Privathaushalte haben die Schuldenquote massiv ausgeweitet. Der aktuelle Wert von 97 % zeigt eine klare Überschuldung an. Das wäre nur dann nicht der Fall, wenn im Gegenzug große Vermögenswerte die Schuldenbilanz ausgleichen würde. Mit vielen Krediten wurden jedoch Immobilien erworben. Aber genau diese Anlageklasse bereitet den US-Bürgern aktuell keine große Freude. Je nach Region sind die Hauspreise massiv eingebrochen. Das bedeutet: Die Schulden sind noch vorhanden, der Gegenwert auf der Vermögensseite schrumpft jedoch.

Private Verschuldung als Wirtschaftstreiber

Das ist ein elementares Kernproblem der US-Wirtschaft. Über Jahrzehnte funktionierte das amerikanische Wachstumswunder nach dem gleichen Muster: Ein US-Bürger kauft mit wenig Eigenkapital und viel Fremdkapital ein Haus. Der Preis des Hauses steigt von Jahr zu Jahr. Da das Vermögen des Hausbesitzers wächst, erhöht die Bank das Kreditvolumen. Der Hausbesitzer, der auf dem Papier von Jahr zu Jahr immer wohlhabender wird, nutzt den höheren Kreditrahmen maximal aus und lebt den Konsumrausch aus. Die boomende Binnenkonjunktur ist der große Gewinner und schafft neue Arbeitsplätze. Die neuen Arbeitskräfte gönnen sich sehr schnell ein kreditfinanziertes Haus. Der Kreislauf des amerikanischen Wirtschaftswunders wird wieder in Gang gesetzt ...

Der Immobilienbesitz wurde zur »Wunderwaffe« der US-Wirtschaft. Diese Waffe, die auch explodieren kann, wie wir heute wissen, wurde nicht zufällig eingesetzt. Die konsumsteigernde Wirkung war Alan Greenspan, dem ehemaligen Chef der US-Notenbank, vollkommen klar. Vor dem US-Kongress sagte er:

> **»Das traditionelle US-Eigenheim ist zu einem höchst komplexen und ausgeklügelten Instrument geworden, das es erlaubt, alle möglichen Finanzprobleme zu lösen. Dank des Anstiegs der Immobilienpreise und der zunehmenden Zahl von Eigenheim-Besitzern kann der in den Häusern versteckte Reichtum auf ganz neue Arten nutzbar gemacht werden.«**

Kurzum: Ex-Notenbank-Chef Alan Greenspan wollte mit den US-Eigenheimen die Finanzprobleme lösen. Aus der Lösung wurde aber ein noch viel größeres Problem.

Was aber in diesem sensiblen System auf keinen Fall passieren darf: Die Preise der Immobilien dürfen nicht sinken. Tritt dieser Fall ein, explodiert die vermeintliche Wunderwaffe. Genau das erlebt die US-Wirtschaft seit dem Ende des Immobilien-Booms im Jahr 2006. Der kreditfinanzierte Konsum-Boom funktioniert nur, wenn die Konsumenten glauben, dass sie immer reicher werden (durch die steigenden Hauspreise). Dieser Traum vom ewigen Wachstum ist geplatzt.

Die Folge ist nicht nur eine »normale« Konjunkturkrise. Die Hauptstütze der US-Wirtschaft ist weggebrochen. Die Verschuldung der Privat-Haushalte, die fast so hoch ist wie das US-amerikanische Bruttoinlandsprodukt (97 % vom BIP), muss abgebaut werden. Die US-Bürger lernen wieder das Sparen. Dieser Mentalitätswechsel hat zu einer tiefen Verunsicherung geführt. Das scheinbar unerschütterliche Vertrauen der Amerikaner wurde angekratzt. Das zeigen die aktuellen und historischen Umfragewerte:

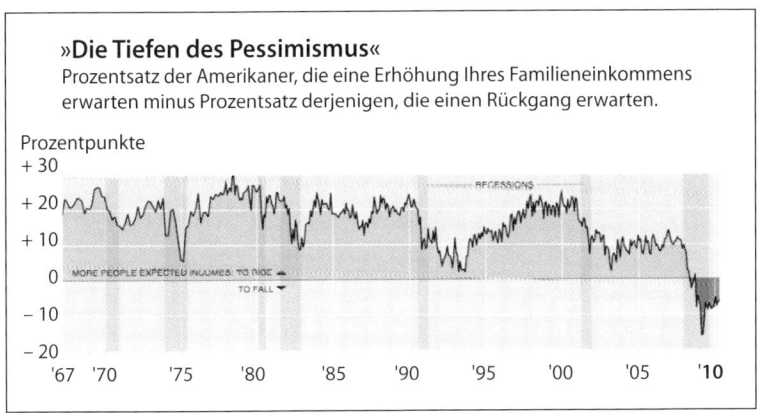

»Die Tiefen des Pessimismus«
Prozentsatz der Amerikaner, die eine Erhöhung Ihres Familieneinkommens erwarten minus Prozentsatz derjenigen, die einen Rückgang erwarten.

Quelle: Conference Board, New York Times

Zum ersten Mal in der jüngeren amerikanischen Wirtschaftsgeschichte erwarten die US-Bürger, dass das Familieneinkommen in den nächsten sechs Monaten sinken wird. In früheren Konjunkturkrisen ist die Erwartungshaltung zwar mehrfach Richtung Nullpunkt gefallen, ein negativer Wert wurde jedoch im Krisenjahr 2008 zum ersten Mal seit Erhebung der Daten gemessen.

Die Auswirkungen: Wer sinkende Einkommen erwartet, wird weniger konsumieren und investieren. Die Auswirkung ist gleich doppelt negativ:

- Die Konsum-Ausgaben werden gedrosselt (wie oben geschrieben: das US-Bruttoinlandsprodukt hängt zu fast 70 % vom Konsum ab).
- Gleichzeitig werden US-Bürger eher vorsichtig agieren, wenn es darum geht, ein Haus oder eine Wohnung zu erwerben. Solange die Mehrheit der US-Bürger davon ausgeht, dass das Einkommen sinkt, wird der Immobilienmarkt keinen selbsttragenden Aufschwung erleben. Wenn aber der Immobilienmarkt angeschlagen bleibt, wird die Lage für den US-Haushalt immer dramatischer wie die Daten und Fakten im nächsten Abschnitt zeigen.

US-Immobilienmarkt: Ein Fass ohne Boden

Nachdem die Immobilien-Blase in den USA geplatzt war, gab es zwei Optionen: Entweder der Markt würde das Problem regeln und die Immobilienpreise würden so lange sinken, bis Angebot und Nachfrage wieder zusammenpassen. Das hätte in kurzer Zeit zu einem radikalen Preisverfall bei Wohnimmobilien geführt und ein Erdbeben bei den Banken ausgelöst, die Immobilien finanziert haben. Die zweite Option war, dass der Staat versuchen würde, durch Stützungsmaßnahmen (Steuergeschenke, faktische Kontrolle der Hypothekenbanken) eine sanfte Landung zu ermöglichen. Der Nachteil bei diesem Modell: Der Staat muss Milliarden über Milliarden in den maroden Immobilienmarkt pumpen und dennoch gibt es keine Erfolgsgarantie.

Die US-Regierung hat sich dennoch für diese riskante zweite Option entschieden, weil nur so zumindest die Hoffnung besteht, das alte Wachstumsmodell zu beleben (Immobilienpreise steigen, Banken erhöhen den Kreditrahmen, Hausbesitzer fühlen sich reicher und konsumieren mehr ...).

Die staatliche Hilfe hätte auch gewisse Aussichten auf Erfolg, wenn die Kreditvergabe in der Vergangenheit strenger kontrolliert worden wäre. Dann müsste jetzt nur eine temporäre Dürrephase überstanden werden. Bei vielen Kreditnehmern ist aber auch im nächsten Konjunkturaufschwung keine Besserung in Sicht. Diese fast hoffnungslosen Fälle gehören zur »Ninja«-Gruppe (no income, no job or asset = kein Einkommen, kein Arbeitsplatz oder Vermögen).

Wenn in Deutschland ein »Ninja« zu seiner Hausbank geht und einen Immobilien-Kredit beantragt, dürfte das Gespräch in 99 % der Fälle innerhalb weniger Minuten mit einer knappen Absage enden. Eine gewisse Eigenkapitalquote oder zumindest ein planbares Einkommen gilt in Deutschland als Mindestvoraussetzung für einen Kredit. Daher stellt sich die Frage, warum die US-Banken ihre Geschäftspolitik in den 90er-Jahren geändert haben und im Zweifel den Kredit bewilligt haben.

Es gab zwei Motive, die für diese lockere Kreditpolitik gesprochen haben: Ein wesentlicher Faktor war die Politik. Alt-Bundeskanzler Helmut Schmidt hat den schönen Satz geprägt: »Wer Visionen hat, sollte zum Arzt gehen.« Der US-Präsident Bill Clinton kannte diesen Spruch wohl nicht. Vielleicht hätte er ansonsten seine Visionen nicht in die Realität umgesetzt. Clinton träumte davon, dass möglichst viele US-Bürger in den eigenen vier Wänden wohnen können. In einer Rede beschrieb er seine Vision:

> »[...] more Americans should own their own homes, for reasons that are economic and tangible, and reasons that are emotional and intangible, but go to the heart of what it means to harbor, to nourish, to expand the American Dream.«

1993 wurde Bill Clinton zum 42. US-Präsidenten gewählt. Nur kurze Zeit später stieg der Prozentsatz der Haushalte, die Wohneigentum besitzen, sprunghaft an, wie folgende Grafik zeigt:

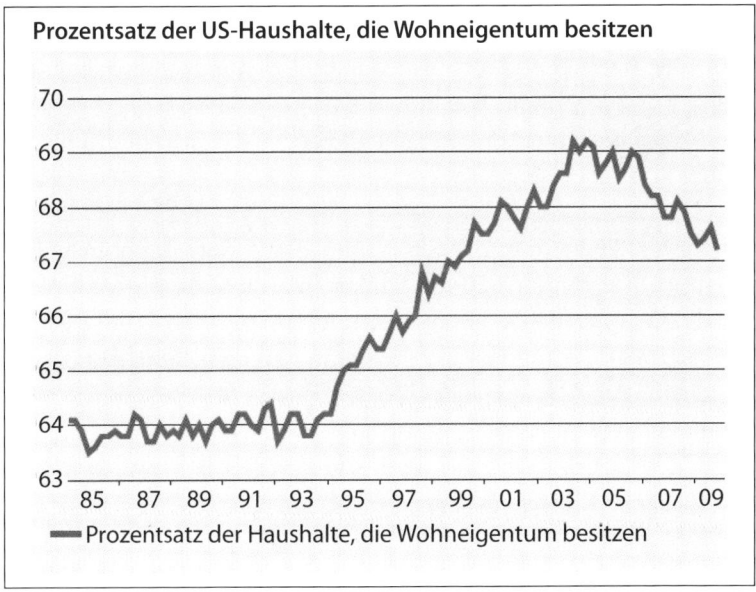

Prozentsatz der US-Haushalte, die Wohneigentum besitzen

━ Prozentsatz der Haushalte, die Wohneigentum besitzen

Quelle: Datastream, Vontobel

Von Mitte der 80er- bis Mitte der 90er-Jahre besaßen relativ konstant 64 % der US-Haushalte Wohneigentum. Fast zeitgleich mit dem
Amtsantritt von Bill Clinton stieg die Quote und erreichte 20 Jahre
später Spitzenwerte von fast 70 %.

Da es unwahrscheinlich ist, dass über Nacht große Teile der finanz-
kräftigen Mittelschicht den Immobilienmarkt stürmten – wer es sich
leisten konnte, besaß schon vorher eine Immobilie – müssen neue
Käuferschichten hinzugekommen sein. Das war auch so. Die neuen
Käufer waren die berüchtigten »Ninjas« ohne Einkommen, Job und
Vermögen. Diese Käufer-Gruppe konnte den Schuldenberg fast unmöglich durch monatliche Tilgungen abtragen. Das System funktionierte nur, wenn das Haus im Wert stieg und das Vermögen dann
die Schulden mehr als abdeckte. Wie bereits erwähnt: Dieses System
funktioniert nur, wenn die Immobilienpreise stetig steigen.

Man kann also sagen, dass Bill Clinton den Grundstein für die aktuelle Immobilien- und Finanzkrise gelegt hat. Die Blase musste
zwangsläufig platzen. Es wäre daher nicht verwunderlich, wenn am
Ende der Krise die Quote der Immobilien-Besitzer in den USA
wieder das alte Niveau von rund 64 % erreichen würde. Das aber
würde bedeuten: Der Weg bis zum Gleichgewicht auf dem Immobilienmarkt ist noch sehr lang.

Unter der Regierung Clinton wurde der private Immobilienbesitz staatlich gefördert und die Banken »ermuntert«, sehr großzügi-
ge Kredite zu vergeben (wobei man davon ausgehen kann, dass die
Banken im Gegenzug von der Regierung üppig belohnt wurden.)

Noch nicht abschließend geklärt ist das mögliche Motiv. Warum hat
Clinton diesen Bereich so extrem gefördert? Es gibt zwei ganz un-
terschiedliche Erklärungsansätze:

Die einfache Variante: Bill Clinton hat mit dem Wahlversprechen,
dass mehr Amerikaner im eigenen Haus wohnen sollten, die Wahl
gewonnen und hat dann als Präsident das Versprechen auch umgesetzt. Da ein US-Präsident maximal für zwei Wahlperioden im Amt

bleiben kann, konnte Clinton relativ sicher sein, dass er die Folgen seiner teuren Versprechungen nicht würde tragen müssen.

Der zweite Erklärungsansatz ist etwas anspruchsvoller und geht davon aus, dass Bill Clinton in Wirtschaftsfragen einen recht guten Durchblick hatte. Immerhin hat er den Wahlkampfslogan »It's the economy, stupid!« (»Es geht um die Wirtschaft, Dummkopf!«) zu einem Klassiker in der Wahlkampfgeschichte gemacht. Ist es also möglich, dass Clinton – oder seine Berater – bereits in den 90er-Jahren erkannt haben, dass das amerikanische Wirtschaftswunder zu Ende ist? Dass nur ein »Trick« helfen konnte, das böse Erwachen um ein paar Jahre nach hinten zu verschieben? Der hier mehrfach beschriebene Effekt, dass sich die Hausbesitzer immer reicher gefühlt und entsprechend mehr konsumiert haben, war auch tatsächlich ein wesentlicher Grund, warum der US-Konsum mit einem BIP-Anteil von fast 70 % die amerikanische Wirtschaft über viele Jahre auf einem relativ hohen Niveau halten konnte. Wenn Clinton und sein Team die Blase ganz bewusst aufgepumpt hätten, wäre das bemerkenswert. Dann sollten auf der Anklagebank nicht nur die leichtsinnigen Banker und die Erfüllungsgehilfen von der Fed (die über Jahre systematisch zu niedrige Zinsen durchgesetzt haben) sitzen, sondern auch Bill Clinton mitsamt seiner Regierungstruppe.

Welches Motiv Ex-Präsident Clinton genau hatte, lässt sich noch nicht abschließend klären. Sicher ist nur, dass die Kosten der verfehlten Politik gigantisch sind. Eine Schlussrechnung wird erst in fünf oder zehn Jahren präsentiert. Aber bereits die Zwischensumme erschüttert die USA in den Grundfesten, wie Sie im folgenden Abschnitt sehen werden.

US-Regierung und Notenbank stützen den Immobilienmarkt um jeden Preis

Im Jahr 2008 mussten die beiden Immobilienfinanzierer Freddie Mac und Fannie Mae de facto verstaatlicht werden. Diese Meldung ist in vielen europäischen Medien nicht ausreichend gewürdigt worden. Die beiden Immobilienagenturen besaßen bereits vor der Krise staatliche »Überlebensgarantien« und konnten sich mit dem US-Staat im Rücken extrem günstig am Kapitalmarkt refinanzieren. Dank der günstigen Konditionen wanderten nach und nach fast alle Hypotheken in das Portfolio von Freddie Mac und Fannie Mae. Die Konsequenz: Die beiden Immobilienagenturen halten oder garantieren Hypotheken im Wert von 5,5 Bio. US-Dollar.

Wenn Freddie Mac und Fannie Mae die Türen schließen, implodiert der amerikanische Immobilienmarkt. Darum sieht die US-Regierung keinen anderen Weg, als die Institute um jeden Preis zu halten. Und der Preis ist hoch. Bisher beläuft sich die Belastung auf 145 Mrd. US-Dollar. Die Zahl steigt jedoch von Quartal zu Quartal. Damit die Hilfs-Obergrenzen nicht ständig nach oben verschoben werden müssen, hat die US-Regierung angekündigt, die Verluste in unbegrenzter Höhe auszugleichen. Das erspart sich die Regierung peinliche Fragen bei der Genehmigung.

Die unbegrenzten Garantien führen dazu, dass sich die Freddie Mac und Fannie Mae weiterhin günstig refinanzieren können. Gleichzeitig haben sie den Auftrag, den Markt zu stabilisieren. Die Folge: Im Jahr 2009 waren die beiden Institute für rund 90 % der neuen Hypothekenkredite verantwortlich. Indirekt verfügt der Staat damit faktisch über eine Monopolstellung bei der privaten Immobilienfinanzierung. Platzen die Hypotheken im großen Stil, haftet der Staat. Der Trend ist beängstigend:

- 2006, im ersten schwächeren Jahr am Immobilienmarkt, wurden 1,3 Mio. Zwangsversteigerungen eingeleitet,
- 2007 waren es 2,2 Mio., 2008 schon 3,2 Mio. und
- im Krisenjahr 2009 sogar 4 Mio.

Ein Fass ohne Boden.

Das Problem: Die vielen Zwangsversteigerungen sorgen für einen weiteren Angebotsschub, der die Preise nach unten drückt. Ein Teufelskreis beginnt. Plötzlich sinken auch die Preise von relativ solide finanzierten Immobilien unter den Kreditpreis. Waren zunächst schwerpunktmäßig die »Ninjas« betroffen, kämpft jetzt die amerikanische Mittelschicht um ihr Eigenheim. Kommt es auch hier zu Verkaufswellen, droht der nächste Preisschock. Das geht immer so weiter. Um diese Entwicklung zu stoppen, erhalten Freddie Mac und Fannie Mae unbegrenzte Finanzmittel. Und so soll das Problem entschärft werden: Die Laufzeiten der Hypotheken werden verlängert, die Zinsen gesenkt und im Notfall wird aus einem Kauf- ein Mietverhältnis – Hauptsache, die Immobilie muss nicht zwangsversteigert werden. Der Staat zahlt das alles. Die Risiken liegen im Billionen-Bereich und werden gar nicht, oder nur teilweise in den offiziellen Schuldenstatistiken erfasst.

Diese Bombe muss entschärft werden. Das ist der Grund, warum auch die Regierung unter Präsident Obama ein Stützungsprogramm nach dem anderen verabschiedet. Die Immobilienpreise müssen gestützt werden. Erholen sich die Preise, lösen sich viele Garantien und Verpflichtungen in Luft auf. Bricht der Markt weiter ein, müssen die Lasten auch offiziell in die Schuldenstatistik aufgenommen werden. Spätestens dann wackelt das offiziell noch blitzsaubere Kredit-Rating der USA von »AAA«.

Das blinde Vertrauen in US-Staatsanleihen

Zur Erinnerung: Im Frühjahr und Frühsommer 2010 flüchten die internationalen Investoren im großen Stil aus Europa und legen ihr Geld in US-Dollar und US-Staatsanleihen an. Vom Regen in die Traufe ...

Das für die US-Regierung leidige Thema Freddie Mac und Fannie Mae hat jedoch noch eine unschöne Facette. Die beiden Institute haben sich am internationalen Kapitalmarkt rund 1,7 Bio. US-Dollar geliehen. Da immer klar war, dass der Staat im Notfall einspringen würde, sind auch konservative Investoren eingestiegen. Diese Investoren dürfen auch nicht verärgert werden, da sie auch Abnehmer der zahlreichen neuen Staatsanleihen sind. Daher muss der Staat auch noch diese 1,7 Bio. US-Dollar mit abdecken.

Der amerikanische Immobilienmarkt hat aus finanzieller Sicht auch noch viel mehr versteckte »Bomben« zu bieten. Im 1. Quartal 2010 hat die US-Notenbank Fed veröffentlicht, dass sie durch Hypotheken gesicherte Wertpapiere im Wert von über 1 Bio. US-Dollar im Portfolio hat. Im Jahresverlauf 2010 ist das Volumen laut US-Notenbank sogar auf 1,25 Bio. US-Dollar gestiegen. Wie hoch der »echte« Wert dieser Papiere ist, darüber können Beobachter nur Mutmaßungen anstellen. Angesichts der Entwicklung am Immobilienmarkt wäre es aber fast ein kleines Wunder, wenn hier keine zusätzlichen finanziellen Belastungen drohten.

Die US-Notenbank Fed: Auslöser der Krise?

Unter den Ökonomen gibt es Stimmen, die besagen, dass die US-Notenbank die aktuelle Krise quasi im Alleingang verschuldet hat. Fast alle Probleme lassen sich auch monokausal erklären. Das Grundübel: Die Fed hat unter Führung von Alan Greenspan und Ben Bernanke die Zinsen über viele Jahre künstlich niedrig gehalten. Gleich in zwei Phasen sanken die Zinsen in Richtung 0 %. Die Gegenbewegungen nach oben blieben allerdings aus. Als Folge gab es starke Marktverwerfungen. Das zu billige Geld produziert eine Blase nach der anderen (erst Aktien, dann Immobilien, dann Rohstoffe und jetzt Staatsanleihen).

Durch die künstlich niedrig gehaltenen Zinsen wurden Investoren, die höhere Renditen suchten, in die Falle gelockt. »Strukturierte Kreditpakete« boten scheinbar attraktivere Konditionen. Wäre das Zinsniveau höher gewesen, wäre dieser finanzielle »Giftmüll« niemals zu einem Export-Schlager geworden. Dann wäre die Krise auch nicht weltweit verbreitet worden. Oder blicken wir auf die Immobilienkrise. Wären die Zinsbelastungen nicht so verlockend niedrig gewesen, hätten sich viele finanzschwache Interessenten erst gar keine Immobilie auf Kreditbasis gekauft. Dann wäre auch diese Blase nicht entstanden.

In der Tat, es ist verblüffend: Die aktuelle Krise kann fast vollständig mit dem Niedrigzins-Argument erklärt werden. Allerdings sei nicht unerwähnt, dass es auch Kritiker diese These gibt. So hat Sebastian Dullien, Professor für Volkswirtschaftslehre an der FHTW Berlin, die Preisblasen der vergangenen 100 Jahre untersucht. Das Ergebnis: Es lässt sich kein Zusammenhang zwischen einer Blasenbildung und einem zu niedrigen Zinsniveau erkennen. Dullien hält es für möglich, dass die Zinsen in den USA in den vergangenen zehn Jahren zu tief waren, glaubt aber nicht, dass eine Zinsanhebung die Krisen verhindert hätte. So stiegen die Aktienkurse in der Boomphase 1999/2000 zeitweise um 75 % pro Jahr. Investoren, die eine solche Rendite-Erwartung aufgebaut haben, hätten sich nicht von einer Zinserhöhung um 3 % abschrecken lassen. Ähnlich am Immobilienmarkt. Rechnen Käufer mit einer Jahresrendite von 20 %, ändert eine

Zinserhöhung herzlich wenig daran. Wenn die menschliche Gier einsetzt, helfen auch keine Zinsschritte mehr.

Fazit: Wenn der Boom den Höhepunkt erreicht, ist es sicherlich schwer, mit dem Zins-Instrument zu bremsen. Ein höheres Zinsniveau kann aber helfen, dass das Kapital vernünftiger angelegt wird und eine spekulative Blase erst gar nicht entsteht.

Gewerbeimmobilien und Bankensterben: Die nächste Schockwelle droht

Bisher bezogen sich alle Zahlen auf den Markt für private Wohnimmobilien. Aufgrund der Verbindung – steigende Immobilienpreise, höhere Konsumlust – ist das auch der Schlüssel für die Entwicklung der US-Wirtschaft. Dennoch darf natürlich auch der amerikanische Markt für Gewerbeimmobilien nicht ignoriert werden. Das Kreditvolumen in diesem Bereich liegt bei über 3 Bio. US-Dollar. Je länger die Konjunkturflaute anhält, desto mehr Kredite werden platzen. Wichtig zu wissen: Viele Kredite wurden von kleinen und mittelgroßen Banken vergeben. Platzt ein Kredit, kann der Verlust die Bank sehr schnell ruinieren. Die Harvard-Professorin Elizabeth Warren schätzt, dass bis zu 3.000 der insgesamt 8.000 US-Banken gefährdet sind. Im Jahr 2009 brachen gut 140 Banken zusammen, bis Ende Mai 2010 weitere 80. Insgesamt werden für 2010 rund 200 Bank-Pleiten in den USA erwartet.

Auch hier gilt: In letzter Konsequenz muss der Staat eingreifen und helfen. Die staatlichen Hilfsprogramme für angeschlagene Finanzinstitute werden noch viel Geld brauchen.

Arbeitsmarkt: Die dritte Schwachstelle im System

In der USA-Analyse wurden bisher zwei Schwachpunkte untersucht: Die überschuldeten Privathaushalte mit dem neuen Sparzwang und der angeschlagene Immobilienmarkt. Ein dritter Schwachpunkt, der exemplarisch untersucht wird, ist der Arbeitsmarkt.

Hier in Europa hat der US-amerikanische Arbeitsmarkt einen fast schon legendären Ruf. In Konjunkturkrisen werden die Arbeitskräfte schnell entlassen, aber im Aufschwung noch schneller wieder eingestellt. Aufgrund dieser Dynamik ist die US-Wirtschaft fast unschlagbar flexibel. Diese Einschätzung muss allerdings spätestens in dieser Krise relativiert werden.

Obwohl sich die Konjunktur seit einigen Quartalen erholt, liegt die offizielle Arbeitslosenrate der USA im Mai 2010 bei knapp 10 % und die inoffizielle Rate sogar bei 17 %. Bemerkenswert: Die Zahl der Langzeitarbeitslosen ist deutlich gestiegen. Fast jeder zweite registrierte Arbeitslose kann als Langzeitarbeitsloser gelten. In früheren Krisen erreichte die Zahl selten Werte von über 20 oder 25 %. Im Mai 2010 kletterte die durchschnittliche Dauer der Arbeitslosigkeit auf über 34 Wochen. Der alte Rekordwert aus dem Jahr 1983 lag bei 21 Wochen.

Arbeitsmarkt-Experten gehen daher davon aus, dass die strukturelle Arbeitslosenquote in den USA deutlich zulegt und auf über 6 % steigt. Ein »Jobwender 2010« ist nicht zu erwarten. Noch eine schlechte Nachricht für den amerikanischen Finanzminister.

Fazit der Länder-Analyse USA: Die finanziellen Belastungen sind gewaltig – jede Verschärfung der Krise kann den faktischen Bankrott auslösen.

Die »Griechenland-Krise« hat allerdings die Urinstinkte der Investoren geweckt: Das Kapital wird wieder in den vermeintlich sicheren Hafen USA gebracht. Laut US-Finanzministerium lagen im März 2010 die Käufe langfristiger US-Wertpapiere unter dem Strich bei 140,5 Mrd. US-Dollar – das ist Rekordniveau und eine Verdreifachung im Vergleich zum Februar.

Die Länderanalyse zeigt Ihnen jedoch, dass der Kauf langfristiger (!) US-Staatsanleihen ein Spiel mit dem Feuer ist. Die Verschuldung der US-Konsumenten, der angeschlagene Immobilienmarkt und der negative Trend am US-Arbeitsmarkt sind drei tickende Zeitbomben.

Einen Sicherheitspuffer besitzen die USA nicht. Die offiziellen US-Schulden liegen bereits bei rund 12,5 Bio. US-Dollar, das Haushaltsdefizit lag 2009 bei 10,3 % des BIP und die Gesamtverschuldung kann bereits im nächsten Jahr die runde Marke von 100 % des BIP erreichen.

Das alles sind nur die offiziellen Zahlen. Hinzu kommen die bereits erwähnten Risiken im Immobilienbereich (Freddie Mac und Fannie Mae). Zusätzlich müssen noch die verdeckten Schulden berücksichtigt werden (wie ausführlicher am Beispiel Deutschland demonstriert). Nur ein Beispiel für die USA: In den Kassen der 25 größten öffentlichen Pensionsfonds der US-Bundesstaaten und Kommunen fehlen mehr als 2 Bio. US-Dollar. So lautet die Schätzung von Orin Kramer, dem ranghöchsten Rentenberater der US-Regierung. Auch dafür haften im Endeffekt natürlich die Steuerzahler. Ob die finanzielle Lage in den besonders stark betroffenen Bundesstaaten besser ist als in Spanien, Portugal oder Italien, kann kritisch hinterfragt werden.

Die Investoren sehen das anders und flüchten in die US-Währung. Aber genau diesen Vertrauensbeweis kann die US-Regierung aktuell nicht unbedingt gebrauchen. Da der überschuldete amerikanische Konsument als Stütze der Binnenkonjunktur ausfällt, hat Obama angekündigt, auf einen Export-Boom zu setzen. Innerhalb von fünf Jahren soll das Exportvolumen verdoppelt werden. Das soll 2 Mio. neue Arbeitsplätze bringen. Als die Obama-Regierung diesen Plan entwarf, notierte die US-Währung aber noch etwa bei 1,50 US-Dollar je Euro. Aufgrund der Erholung auf 1,20 US-Dollar je Euro im Juni 2010 kann der Plan vom Export-Boom fast schon beerdigt werden. US-Waren werden im internationalen Vergleich zu teuer.

Bleibt dann überhaupt noch eine Hoffnung? Optimisten verweisen darauf, dass die Schuldenlage in den USA in der Vergangenheit schon weit dramatischer war und trotzdem gelöst wurde. Das zeigt auch das folgende Schaubild, das die Staatsschulden im Verhältnis zum Bruttoinlandsprodukt (BIP) zeigt:

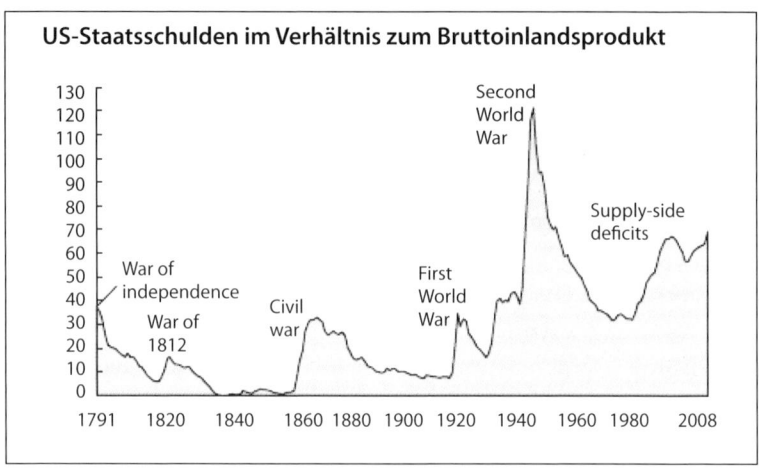

US-Staatsschulden im Verhältnis zum Bruttoinlandsprodukt

Quelle: US Treasury Department, McKinsey Global Institute

Speziell im und nach dem Zweiten Weltkrieg war das Schuldenproblem noch größer. Allerdings sind Kriege einmalige Sonderfaktoren. Nach dem Kriegsende bessert sich die Lage sehr schnell. Die aktuelle Schuldenkrise hat dagegen strukturelle Ursachen. Die Lösung des Problems wird schwieriger.

Verlieren die USA das AAA-Rating, droht der sofortige Staatsbankrott

Angesichts der drei genannten Belastungsfaktoren (Konsum, Immobilienmarkt, Arbeitsmarkt) verschlechtert sich die Verschuldungssituation in den USA. Sobald das Thema »Euro-Krise« an Gewicht verliert, werden die Probleme in den USA wieder stärker in den Fokus rücken. Sollte auch nur eine einzige Rating-Agentur den Mut haben, die US-Schulden nicht mehr mit der Bestnote »AAA« zu bewerten, wird schlagartig das Interesse an US-Staatsanleihen abflauen. Die USA werden sich dann nicht mehr am freien Kapitalmarkt refinanzieren können. Ein solcher Zustand wird auch Staatsbankrott genannt. In einer solchen Notsituation müssten die US-Notenbank, der Internationale Währungsfonds (IWF) und andere Institutionen als Käufer der US-Staatsanleihen auftreten und versuchen, die Lage zu stabilisieren.

Japan: Abhängig vom Sparverhalten der eigenen Bevölkerung

In den Wirtschaftsmedien sorgt das Duell US-Dollar gegen Euro für Schlagzeilen. Die Frage ist aber nicht, welche Währung stärker ist (der Begriff »Stärke« verbietet sich bei beiden Währungen), sondern welche Währung schwächer ist. Auch in der öffentlichen Schuldendiskussion taucht oft nur die Frage auf, ob Kalifornien mit der Ausgabe von »Notgeld« das größere Problem ist, oder die Notlage in Griechenland. (Rein wirtschaftlich betrachtet ist Kalifornien natürlich wichtiger. Wäre der US-Bundesstaat ein eigenständiges Land, würde er zu den zehn wichtigsten Wirtschaftsnationen der Welt zählen. Griechenland dagegen wäre mit seinem BIP weit abgeschlagen.)

Bankrottkandidat Nummer 1 ist Japan

Wenn allerdings ein »Geheimfavorit« für einen Staatsbankrott gesucht wird, ist Japan der Spitzenreiter. Die US-Wirtschaft kann Zeit gewinnen, wenn der Immobilienmarkt wieder anspringt. Die Euro-Zone kann mit einer Mischung aus Wachstum und Inflation die Lage zunächst halbwegs stabilisieren. Nur für das langfristige Schulden-Problem Japans lässt sich keinen Lösungsansatz erkennen.

Ein Teil des Problems wird deutlich, wenn Sie sich die Verschuldungsstruktur anschauen:

Spontan fällt direkt die hohe Gesamtverschuldung auf, die bei 471 % des Bruttoinlandsprodukts liegt. Zum Vergleich: Das ebenfalls nicht gerade niedrig verschuldete Deutschland kommt auf eine Quote von »nur« 285 %. In allen Sektoren ist der japanische Schuldenwert höher als in Deutschland. Ein Sektor überragt jedoch alle anderen Bereich: Die Schulden im staatlichen Sektor. Zur Erinnerung: Ein Schuldenstand von unter 60 % des BIP gilt als noch kontrollierbar und Werte über 90 % lösen oft Krisen aus. Deutschland und die USA marschieren in Richtung 100 %, die japanischen Staatsschulden erreichen dagegen fast schon 200 %. Das ist ein Wert, der fast jedes andere Land direkt in den Staatsbankrott treiben würde.

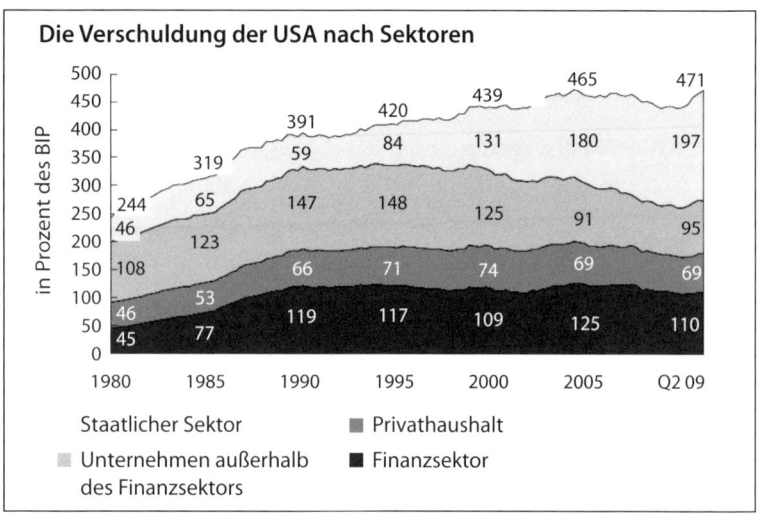

Die Verschuldung der USA nach Sektoren

Quelle: Haver Analytics; McKinsey Global Institute

Es gibt nur einen einzigen Grund, warum Japan mit dieser Schuldenquote überleben kann: Fast alle Staatsanleihen wurden an die eigene Bevölkerung verkauft. Ausländische Investoren halten weniger als 10 % der japanischen Staatsanleihen, wie die Übersicht auf Seite 69 zeigt: Der dunkle Balken zeigt an, welchen Anteil an den Staatsanleihen die Inländer halten, der helle Balken zeigt den Anteil der ausländischen Investoren. Als Maßeinheit wurde zur besseren Vergleichbarkeit die Angabe »% des BIP« gewählt:

Die Auswertung stammt noch aus dem Jahr 2008. Vor zwei Jahren lag die Schuldenquote »erst« bei 188 % des BIP. Die Übersicht zeigt, dass nicht einmal 10 % der japanischen Staatsanleihen im Besitz von ausländischen Investoren sind. Daher kann – anders als im Fall Griechenland – kaum Druck von den Kapitalmärkten kommen. So lange die japanische Bevölkerung die heimischen Staatsanleihen trotz der Mini-Renditen arglos aufsaugt wie ein Staubsauger, funktioniert das Schuldensystem.

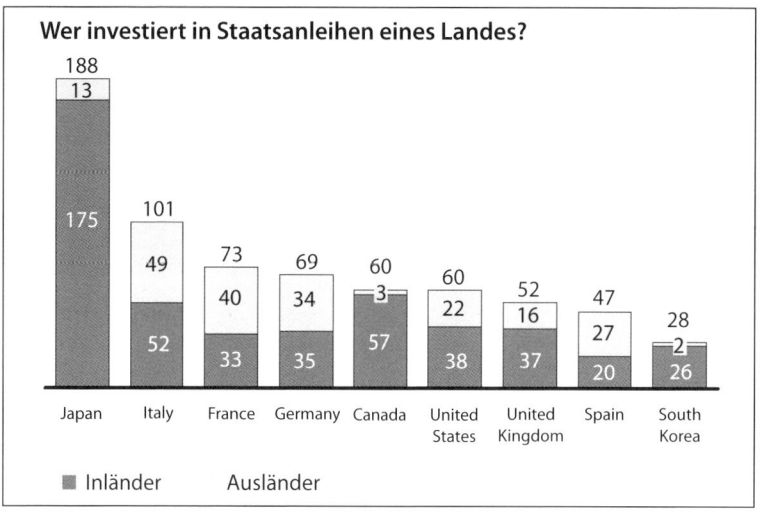

Wer investiert in Staatsanleihen eines Landes?

	Japan	Italy	France	Germany	Canada	United States	United Kingdom	Spain	South Korea
Gesamt	188	101	73	69	60	60	52	47	28
Ausländer	13	49	40	34	3	22	16	27	2
Inländer	175	52	33	35	57	38	37	20	26

■ Inländer   Ausländer

Quellen: Bank of International Settlements; International Monetary Fund; central banks; McKinsey Global Institute

Allerdings gibt es auch in Japan drei tickende Zeitbomben:

- Was ist, wenn die Zinsen steigen?
- Was passiert, wenn die Inländer nicht mehr über 90 % der Anleihen kaufen?
- Und was geschieht, wenn viele Japaner gleichzeitig ihre Ersparnisse auflösen (müssen) und alte Anleihen vor dem Laufzeitende verkaufen?

Schuldenberg als Reaktion auf Deflation und Wirtschaftskrise

Zunächst stellt sich die Frage, warum der japanische Staat eine gigantische Schuldenlast von fast 200 % des BIP bewältigen muss. 1990 lag die Schuldenquote mit 59 % noch im normalen Rahmen. Zehn Jahre später erreichte die Quote 131 %, wiederum zehn Jahre später 197 %. Die Verschuldungsorgie begann mit der Deflations- und Wirtschaftskrise vor rund 20 Jahren. Zuerst wollte er Staat diese Krise »aussitzen«, als der Fall jedoch zu tief war, sollte der nächste konjunkturelle Aufschwung mit allen finanziellen Mitteln erzwungen werden. Die Bilanz nach 20 Jahren: Blühende Landschaften sind weiterhin nicht in Sicht und die Staatsfinanzen sind ruiniert.

Das System ist noch nicht implodiert, weil die japanischen Sparer die Staatsanleihen trotz der Mini-Renditen kaufen – so war es zumindest in der Vergangenheit. Dieses System hat jedoch mehrere Sollbruchstellen:

Die Bevölkerungsstruktur ist in Japan sehr ungünstig

Die Geburtenrate in Japan gehört zu den niedrigsten weltweit. Das Land vergreist und die Bevölkerung schrumpft. Im Jahr 2000 kamen auf knapp 40 Japaner im Rentenalter 100 Personen im Erwerbsalter. Setzt sich der aktuelle Trend fort, verschlechtert sich das Verhältnis bis 2050 auf 90 zu 100. Faktisch wird es aber unmöglich sein, dass 100 Personen im Erwerbsalter, die nicht einmal alle arbeiten und Steuern zahlen, 90 Rentner finanzieren. Die logische Konsequenz: Die Rentner müssen ihre Ersparnisse auflösen, um die Versorgungslücke zu schließen. Und dieser Prozess beginnt nicht erst im Jahr 2050. Er hat schon begonnen. Die Entwicklung ist beängstigend: Im Jahr 1980 lag die Sparquote in Japan bei üppigen 18 %, im Jahr 1990 bei 13 % und im Jahr 2000 bei 8 %. In der aktuellen Krise wurden kurzfristig in Japan schon Sparquoten von 0 % gemessen. Es kann auch kein Comeback der »Sparweltmeister« geben. Der Internationale Währungsfonds (IWF) geht davon aus, dass im Jahr 2015 die öffentlichen Schulden das Vermögen der Privathaushalte übertrifft. Es ist dann schon faktisch unmöglich, dass die Bevölkerung über 90 % der Staatsanleihen aufkauft.

Die Zinsen können nicht ewig niedrig gehalten werden

Die japanische Regierung muss sich aus den genannten Gründen darauf einstellen, dass die eigene Bevölkerung die Staatsanleihen nicht mehr einsammeln kann. Das bedeutet: Internationale Investoren müssen einspringen. Bei einem langfristigen Zinssatz von gut 1 % wird das Interesse jedoch extrem gering sein. Um Investoren anzulocken, müssen die Zinsen steigen. Nur so kann Japan frisches Kapital einsammeln. Der Preis ist allerdings hoch: Die Zinsbelastung wird explosionsartig steigen. Obwohl die Zinsen aktuell so niedrig sind, muss Japan rund 20 % der Staatsausgaben für den Schuldendienst reservieren. Erhöht Japan das Zinsniveau auf ein international normales Niveau, wird der Staatshaushalt ruiniert. Schon jetzt besitzt Japan – anders als die USA und Deutschland – kein Spitzenrating von »AAA« mehr. Die Rating-Agentur Standard & Poor's benotet Japan mit »AA« und einer »negativen Tendenz«.

Zur Einordnung: Ähnlich wird auch der EU-Krisen-Kandidat Spanien benotet. Spanien muss am Kapitalmarkt 4 bis 5 % Zinsen bieten, um eine Anleihe mit zehn Jahren Laufzeit zu platzieren. Solche Zinsbelastungen kann Japan unmöglich bewältigen. Philipp Vorndran, Anlagestratege der Vermögensverwaltung Flossbach & von Storch, zieht das Fazit:

>**»Steigt der durchschnittliche Zins der japanischen Staatsschulden auf 3 %, geht über Nippon die Sonne unter.«**

Ähnlich bewertet Dylan Grice von der Société Générale die Lage:

>**»Die meisten Industrieländer sind faktisch insolvent – im Gegensatz zu vielen Schwellenländern. [...]. Japan ist am stärksten gefährdet.«**

Zu einer negativen Einschätzung kommen auch die Analysten der Schweizer Bank Vontobel, die einen Risiko-Index für Staaten erstellt haben. Mit einem Index-Wert von 6,9 ist Japan Schlusslicht und liegt sogar deutlich hinter Griechenland.

	Verschuldung/BIP 2010	Zyklisch bereinigter Primärhaushalt 2010	Jährliches Produktivitätswachstum 2000–2010	Zinssätze – nominales BIP-Wachstum 2010/2011	Starke Verbesserungen beim Staatshaushalt in der Vergangenheit*	Leistungsbilanzdefizit 1998–2008	Durchschnittliche Laufzeit von Schuldpapieren	Vontobel Fiscal Risk Index
Gewichtung	0.30	0.15	0.10	0.15	0.05	0.10	0.15	
Schweden	2	3	2	0	0	2	4	2.1
Dänemark	2	5	6	0	3	4	0	2.5
Finnland	2	4	4	1	5	2	10	3.7
Schweiz	2	3	6	9	8	0	3	3.9
Australien	1	3	4	7	8	7	8	4.5
Kanada	4	6	7	0	6	4	7	4.6
Holland	3	4	6	6	8	2	7	4.7
Grossbritannien	4	10	4	6	7	6	0	5.0
Belgien	5	2	6	7	6	3	6	5.0
Deutschland	4	4	6	8	6	3	6	5.1
USA	4	10	1	0	8	7	8	5.1
Euro Zone (EMU)	4	5	7	8	7	5	5	5.5
Italien	6	1	10	9	7	5	2	5.5
Irland	4	10	2	10	2	5	3	5.5
Spanien	3	7	6	9	8	7	3	5.5
Griechenland	6	10	0	7	5	9	1	5.7
Portugal	4	6	6	8	7	9	4	5.8
Japan	9	9	5	4	7	3	7	6.9

Die Tabelle zeigt den Vontobel Fiscal Risk Index und die Subindices. Ein höherer Wert bedeutet ein höheres Risiko. Der Index kann Werte zwischen 0 (sehr tiefes Risiko) und 10 annehmen (sehr hohes Risiko). Die Werte der CDS sind vom 15. März 2010.
Quelle: OECD, IMF, Bloomberg, Vontobel
*Konjunkturbereinigter Saldo Primärhaushalt gemäss IWF seit 1985.

Fazit: Japan gehört zu den Ländern, die langfristig einen Bankrott – in welcher Form auch immer – kaum noch verhindern können. Die Zahlen sprechen für sich: Die Gesamtverschuldung erreicht fast 500 % des BIP, der öffentliche Sektor steht mit 200 % des BIP in der Kreide, die Bevölkerungsstruktur ist extrem ungünstig, die Einkommensteuer bricht weg, die Rentenausgaben steigen, die einst sehr hohe Sparquote wird aufgrund der Überalterung negativ, steigende Zinsen ruinieren den Staatshaushalt endgültig. Steigen die Zinsen überraschend schnell, droht sogar ein sofortiger Bankrott!

Selbst die etablierten Industrienationen stehen am Abgrund

In diesem Kapitel wurden bewusst nicht die Krisenländer ausführlich analysiert, die aktuell im Brennpunkt der Öffentlichkeit stehen. Die Musterfälle USA und Japan zeigen: Selbst die etablierten Industrienationen stehen am Rande des Abgrunds und bewegen sich weiter vorwärts.

Die gewählten Beispiele zeigen auch, dass es nicht *ein* Rezept gibt, um die größten Probleme zu losen. Die US-Wirtschaft leidet unter der Immobilien-Krise, der Überschuldung der Privathaushalte und dem Wandel am Arbeitsmarkt. Japans Probleme sind dagegen die hohe Gesamtverschuldung, die stark überdurchschnittliche Verschuldung des öffentlichen Sektors und die ungünstige Bevölkerungsstruktur. Außerdem gibt es ein Extra-Risiko: Kommt es in Japan zu einem unerwartet schnellen und heftigen Zins-Anstieg, droht der sofortige Staatsbankrott.

Ein Staatsbankrott ist also nicht nur ein Schlagwort der Crash-Propheten. Es wäre sogar erstaunlich, wenn die aktuelle Krise ohne Staatsbankrott auskommen würde. Wählt man die Definition, dass ein Staatsbankrott schon dann vorliegt, wenn sich ein Staat nicht mehr aus eigener Kraft refinanzieren kann, gibt es mit Griechenland oder Island bereits einige Musterfälle.

Die Serie der Staatspleiten wird auch fortgesetzt werden. So zeigt eine neue Studie von Reinhart und Rogoff (»Growth in a Time of Debt«), dass sich ab einem Verschuldungsniveau von 90 % des BIP das Wirtschaftswachstum signifikant abschwächt. Es entsteht ein Teufelskreis aus hohen Zinsbelastungen, schwachen Wachstumsraten und fehlenden Steuereinnahmen. In den nächsten drei bis vier Jahren wird die überwiegende Zahl der Industriestaaten die Schwelle von 90 % überschreiten. Griechenland ist nur den Anfang.

Ein Staatsbankrott ist kein Schreckgespenst, sondern ein reales Szenario, über das man sachlich diskutieren muss. In einem Interview mit dem Magazin Focus-Money fordert Thomas Mayer, Chefvolkswirt der Deutschen Bank, einen Masterplan für diese Krise:

>**Wir brauchen eine Institution, die einen geordneten Staatsbankrott innerhalb der EU erlaubt und abwickelt.«**

Laut Mayer könne das amerikanische Insolvenzrecht als Vorbild für eine solche Regelung dienen. Der Vorteil des amerikanischen Systems: »Dieses sieht für hochverschuldete Unternehmen vor, unter strikter Aufsicht des Insolvenzverwalters weiterzuarbeiten und sich zu sanieren.« Mayer äußert sich auch zu den Gefahren, wenn es keine feste Regelung gibt:

> »Bei einer ungeordneten Insolvenz wären die Staatsanleihen sofort illiquid, die Abwärtsspirale der Finanzpreise würde sofort beginnen, sich zu drehen. [...] Und wenn dies eintritt, wird es für die Realwirtschaft extrem gefährlich.«

Wie kritisch die Lage ist, zeigt, dass sogar die Bundesbank einen Notfallplan fordert. Im Monatsbericht Mai 2010 heißt es wörtlich:

> »Zudem muss ein Zahlungsausfall weiterhin möglich bleiben und die Einführung einer Insolvenzordnung ernsthaft geprüft werden«.

Wenn man bedenkt, dass ein »Staatsbankrott« für Notenbanker im Normalfall ein Tabu-Wort ist, kann man die Dimension erahnen. Die Bundesbank will sich frühzeitig als Mahner positionieren. Niemand soll später sagen können, dass die Währungshüter nicht vor einem Staatsbankrott gewarnt hätten.

Der Punkt ist: Viele Staaten haben bei der Staatsverschuldung den »point of no return« bereits überschritten. Die Bankenkrise hat den Prozess noch beschleunigt.

Wann sind Staatsbankrotte besonders häufig?

Der hier bereits zitierte Wirtschaftsprofessor Kenneth Rogoff, der intensiv die Wirtschaftskrisen studiert hat, hat ein Muster entdeckt: Einige Jahre nach einer Bankenkrise folgt regelmäßig eine Reihe von Staatsbankrotten. Die Retter werden zum Opfer. Rogoff glaubt aber nicht, dass die Öffentlichkeit die kritische Lage immer frühzeitig bemerkt. Er geht in den nächsten fünf Jahren von mehreren verdeckten Staatspleiten aus.

Einen plötzlichen und offenen Staatsbankrott werden Sie nur dann erleben, wenn Schock-Ereignisse eintreten. Einige Beispiele:

- Die Zinsen steigen schnell und rasant (Pleite-Kandidat: apan).
- Ein plötzliches Bankensterben (davon wären fast alle Industrienationen betroffen).
- Ein großes EU-Land kippt (wenn Spanien pleite ist, wackeln sogar Frankreich und Deutschland).
- Ein Rating-Schock tritt ein (sollte es eine Rating-Agentur wagen, das amerikanische Kredit-Rating ohne Vorbereitung zu senken, wird das einen globalen Schock am Anleihenmarkt auslösen und die Refinanzierung der Staaten fast unmöglich machen).

Mittel- und langfristig *muss* es Staatspleiten geben, kurzfristig *kann* es Staatspleiten geben. Angesichts dieser Ausgangslage ist es erstaunlich, dass es bisher keinen offiziellen Notfallplan gibt, also keinen Insolvenzplan für Staaten. Selbst die Bundesbank und der Chefvolkswirt der Deutschen Bank fordern das inzwischen ganz offiziell. Das Fehlen eines solchen Instruments ist um so erstaunlicher, als Staatspleiten seit Jahrhunderten an der Tagesordnung sind. Im folgenden Kapitel schildern wir Ihnen im Zeitraffer die Staatspleiten im 19., 20. und 21. Jahrhundert.

4. Die Regel, nicht die Ausnahme: Ein Streifzug durch die Geschichte der Staatsbankrotte

Die deutsche Bundeskanzlerin Angela Merkel sagte im Januar 2009:

> »Es gibt das Gerücht, dass Staaten nicht pleitegehen können.
> Dieses Gerücht stimmt nicht.«

Wenn die Nachrichtenagenturen aktuelle Meldungen mit Begriffen wie »Staatsbankrott« oder »Pleite« verbreiten, sorgt das an den internationalen Börsen noch immer für kurzfristige Panikschübe. Dabei sind Staat und Staatsbankrott untrennbar miteinander verbunden. Die Griechen gelten als »Erfinder« der Staatsform und waren auch für den ersten Staatsbankrott verantwortlich. Griechische Stadtstaaten konnten Gelder, die sie sich für einen Tempel geliehen hatten, nicht mehr zurückzahlen. Die aktuelle Griechenland-Krise, die in Wahrheit ein verdeckter Staatsbankrott ist (Griechenland kann sich am Kapitalmarkt nicht mehr aus eigener Kraft refinanzieren), ist daher ein echter »Klassiker«.

Der Harvard-Professor Kenneth Rogoff hat zusammen mit der US-Ökonomin Carmen Reinhart die Finanzkrisen der vergangenen 800 Jahre untersucht. In Deutschland wurde sein das Buch unter dem Titel »Diesmal ist alles anders – Acht Jahrhunderte Finanzkrisen« veröffentlicht.

Die fünf großen Pleite-Zyklen

Besonders aufschlussreich ist die Entwicklung in der jüngeren Wirtschaftsgeschichte seit 1800. In diesen gut 200 Jahren gab es gleich fünf große Pleite-Zyklen, in denen bis zu 50 % (!) der untersuchten Staaten gleichzeitig zahlungsunfähig waren:

- Zyklus 1: Auslöser der ersten modernen Pleite-Serie waren die Napoleonischen Kriege zu Beginn des 19. Jahrhunderts (1800er- bis 1810er-Jahre).
- Zyklus 2: Der zweite Zyklus war eine Reaktion auf die lateinamerikanischen Befreiungskriege gegen Spanien (1830er- bis 1850er-Jahre). Die so ausgelöste Kettenreaktion sorgte dafür, dass fast die Hälfte der Länder weltweit im Finanzchaos versank.
- Zyklus 3: Der dritte Zyklus begann mit dem Wiener Börsenkrach im Mai 1873, der den Wirtschaftsboom der Gründerzeit beendete (1870er-Jahre).
- Zyklus 4: Zu den bekanntesten Krisenphasen gehört die »Große Depression« in den 1930er- und 1940er-Jahren. Die Pleitenserie zog sich bis zum Ende des Zweiten Weltkriegs hin.
- Zyklus 5: Der jüngste Krisenzyklus wurde durch die Finanzkrisen in den Schwellenländern in den 1980er- und 1990er-Jahre ausgelöst. Erst gerieten die »Tigerstaaten« Thailand, Malaysia, Indonesien und die Philippinen unter Druck, dann verursachte wenige Jahre später der sinkende Öl-Preis und der zunehmende Kapitalabfluss eine Russland-Krise.

Diese fünf Zyklen lösten jeweils weltweit Schuldenkrisen aus. Hinzu kommen unzählige Einzelfälle von Staatsbankrotten. In den vergangenen gut 200 Jahren war es fast normal, dass 10 bis 50 % der untersuchten Länder zahlungsunfähig waren. Der Spitzenreiter Spanien bringt es auf acht Staatspleiten seit 1800. Zählt man dagegen die Krisenjahre, liegt jedoch wieder der »Klassiker« an der Spitze: Laut Rogoff lag der Anteil der Krisenjahre bei Griechenland bei rund

50 %. Das heißt: In den vergangenen 210 Jahren hatte Griechenland über einen Zeitraum von 105 Jahren große Finanzprobleme.

Bankrotte Staaten in Europa seit 1800		
Land	Anteil der Krisen-jahre in %	Anzahl der Staats-pleiten
Griechenland	50,6	5
Russland	39,1	5
Ungarn	37,1	7
Polen	32,6	3
Spanien	23,7	8
Rumänien	23,3	3
Österreich (inkl. Österreich-Ungarn)	17,4	7
Türkei	15,5	6
Deutschland (inkl. Deutsches Reich und Vorläuferstaaten)	13,0	7
Portugal	10,6	6
Niederlande	6,3	1
Italien	3,4	1

Anmerkung 1: Basis 66 unabhängige Staaten
Anmerkung 2: Seit 1800 oder seit der Unabhängigkeit des Landes
Quelle: Rogoff/Reinhart

Einige Ergebnisse dieser Studie kommen nicht ganz überraschend, so etwa, dass Griechenland Spitzenreiter bei der Zahl der Krisenjahre, Spanien als Spitzenreiter bei der Anzahl der Staatsbankrotte ist. Auf den ersten Blick erstaunlich ist das gute Abschneiden von Italien in beiden Kategorien.

In den vergangenen zehn Jahren gab es nur eine spektakuläre Staatspleite: Der Fall Argentinien, der später noch ausführlicher analysiert wird. Die übrigen Pleiten wurden relativ geräuschlos abgewickelt und haben es oft noch nicht einmal in die deutschen Wirtschaftsmedien geschafft.

Länder, deren Schulden seit 2000 (teilweise) gestrichen wurden		
Land	Jahr	Schulden in Mrd. US-Dollar
Ukraine	2000	1,06
Argentinien	2001	82,27
Moldawien	2002	0,15
Uruguay	2003	5,74
Dominikanische Republik	2005	1,62
Belize	2006	0,24
Ecuador	2008	3,21

Quelle: Moody's

Staatspleiten im Rückblick: Deutschland, Argentinien und Island

Aus der Vielzahl der Pleite-Fälle haben wir drei Musterfälle ausgewählt, die verdeutlichen, dass viele Wege in den Staatsbankrott führen.

1923: Die Hyperinflation in Deutschland

Der deutsche Staatsbankrott im Jahr 1923 vereint zwei wesentliche Krisenmerkmale: Erst hat ein Krieg (der Erste Weltkrieg und seine Folgen) das Land, die Wirtschaft und die Währung geschwächt. Dann sorgte die Inflation für den Todesstoß. Nach dem Ersten Weltkrieg gab es mehrere Probleme, die mit der Notenpresse gelöst wurden:

- Die Reparationszahlungen an die Sieger des Ersten Weltkriegs (66 Jahresraten zu 2 Mrd. Goldmark),

- der Wiederaufbau und
- die Versorgung der ehemaligen Soldaten (für die gesunden Männer mussten Arbeitsplätze geschaffen werden, die Kriegsversehrten und die Arbeitslosen brauchten direkte finanzielle Hilfe vom Staat).

Diese gewaltigen Ausgaben wurden mit Krediten der Reichsbank bezahlt. Da im August 1914 der Goldstandard aufgehoben worden war, konnte der Staat mit Hilfe der Reichsbank beliebig viel Geld drucken.

Die Lage eskalierte, als der Ruhrkampf ausbrach. Die deutsche Regierung finanzierte den passiven Widerstand der Bevölkerung gegen die Besetzung des Ruhrgebiets durch die Franzosen und Belgier. Der Staat bezahlte die Löhne von rund zwei Millionen Arbeitnehmern im Ruhrgebiet. Auch für diese Aktion wurde eifrig Papiergeld gedruckt.

Spätestens ab diesem Zeitpunkt wurde auch die Bevölkerung misstrauisch und versuchte, das Papiergeld so schnell wie möglich gegen Waren einzutauschen. Das war eine rationale Entscheidung, da die Mark im Vergleich zum US-Dollar fast täglich 50 % an Kaufkraft verlor – und die Händler jeweils sofort die Preise verdoppelten. Im Mai 1923 bekam man für 1 US-Dollar bereits 47.640 Mark, im November 1923 waren es 4.200.000.000.000 Mark. Die folgende Grafik zeigt, wie explosionsartig die Währung zerstört wurde.

Die Hyperinflation erforderte eine ständige Anpassung der Geldeinheiten. Bis 1922 war der 1.000-Mark-Schein die höchste Einheit. Gut ein Jahr später druckte die Reichsbank einen Geldschein mit dem Wert 100 Billionen Mark.

Auch logistisch war die Hyperinflation eine Herausforderung. In der Spitze waren 133 Firmen mit dem Gelddrucken beschäftigt. Fast 1.800 Druckmaschinen liefen Tag und Nacht. Das notwendige Papier wurde in 30 Papierfabriken produziert. Die Gelddruckerei war für einige Monate zu einem kleinen Industriesektor geworden.

Doch das alles reichte noch immer nicht, um die deutsche Bevölkerung mit ausreichend Geld zu versorgen. Städte, Gemeinden, teilweise sogar Unternehmen gaben eigenes Notgeld heraus.

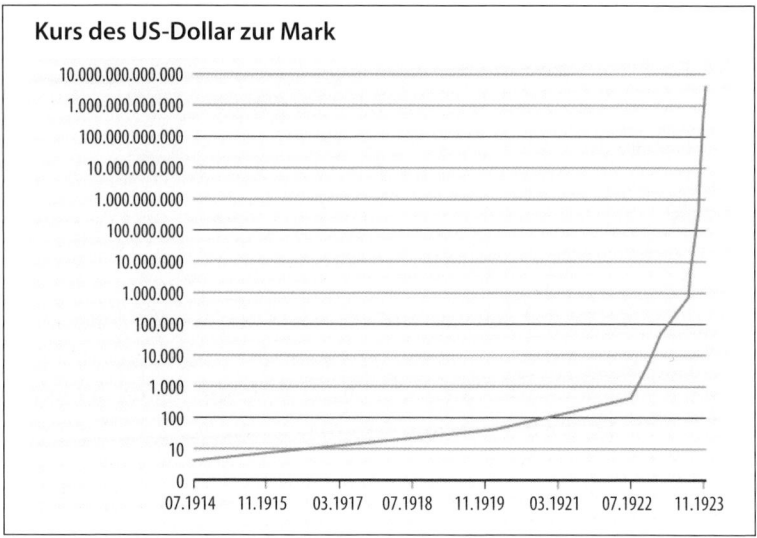

Kurs des US-Dollar zur Mark

Quelle: Deutsches Historisches Museum

Die Hyperinflation wurde im November 1923 gestoppt. Durch die Gründung der Deutschen Rentenbank und die Einführung der Rentenmark wurde das deutsche Währungssystem auf ein neues Fundament gestellt.

Gewinner: Der Staat - Verlierer: Die Besitzer von Geldvermögen

Eine Währungsreform fordert auch Opfer: Die Besitzer von Geldvermögen waren die großen Verlierer. 1 Billion Mark wurde in 1 Rentenmark umgetauscht. Besonders bitter war dieser harte Schnitt für die Besitzer der Kriegsanleihen, die damit quasi wertlos wurden. Die Regierung hatte aber ein Problem weniger: Über Nacht lösten sich Schulden bei der eigenen Bevölkerung in Höhe von über 150 Mrd. Mark in Luft auf. Verlierer waren auch die Besitzer von Spareinlagen oder Lebensversicherungen.

Als Gewinner konnten sich dagegen die Besitzer von Immobilien und Edelmetallen fühlen. Die Aktien-Besitzer mussten in der Krise hohe Kursabschläge hinnehmen, doch wer die Krise »aussitzen« konnte und in der Wartezeit Dividenden kassierte, war auch noch relativ gut bedient.

Zurück zum Staat: Der deutsche Staat profitierte rückblickend betrachtet gleich doppelt. Zum einen lösten sich die Schulden gegenüber der eigenen Bevölkerung in Luft auf, zum anderen war die Krise ein Argument, um mit den Siegermächten über eine Senkung der Reparationszahlungen zu verhandeln.

Es ist daher nicht aus der Luft gegriffen, wenn man davon ausgeht, dass zumindest Teile der Regierung, der Bürokratie und der Bevölkerung bewusst mit dem Feuer gespielt haben. Die staatlichen Einnahmen hätten deutlich gesteigert werden können, wenn die Steuerdisziplin stärker eingefordert worden wäre. Gleichzeitig waren die staatlichen Ausgaben viel zu hoch. In den Hinterköpfen einiger Entscheidungsträger spukte sicherlich der Gedanke, dass ein hohes Haushaltsdefizit den Siegermächten zeigen würde, dass die Reparationszahlungen unmöglich zu leisten seien. Daher wurde die Krise zumindest teilweise billigend in Kauf genommen.

Die Rentenmark, die das deutsche Währungssystem wieder stabilisierte, war dann auch nur eine kurzfristige Zwischenlösung. Bereits im Jahr 1924 wurde die Reichsmark eingeführt.

1948: Die Währungsreform

Während die Hyperinflation im Jahr 1923 noch immer als »Schockerlebnis« für die Deutschen gilt, wird die Währungsreform aus dem Jahr 1948 deutlich positiver bewertet. Ausgangspunkt war erneut ein Krieg, dieses Mal der Zweite Weltkrieg.

Die deutsche Wirtschaft lag am Boden und musste reanimiert werden. Unter Federführung von Ludwig Erhard wurde eine Währungsreform durchgeführt. Ab dem 21. Juni 1948 galt in den drei westlichen Besatzungszonen die Deutsche Mark (DM) als neue Währung. Wieder gab es Verlierer, erneut waren es die Besitzer von Geldvermögen in jeglicher Form. Jeder Bürger erhielt einen »Kopfbetrag« in Höhe von 40 DM. Ein Teil der Ersparnisse wurde im Verhältnis 1:10 umgetauscht, ein anderer Teil im Verhältnis von 6,5:100. Für 100 Reichsmark gab es also nur 6,50 DM. Speziell diese Umtauschquote war umstritten. Das Wort »Enteignung« machte die Runde.

Die Situation hätte eskalieren können, aber schlagartig verbesserte sich die wirtschaftliche Situation. Die Tauschwirtschaft, die nach Kriegsende eine Blütezeit erlebt hatte, weil kaum noch jemand Reichsmark annehmen wollte, verlor an Bedeutung. Die DM war begehrt und schnell füllten sich die Regale in den Läden.

Da die Löhne 1:1 umgerechnet wurden, die DM aber wesentlich mehr Kaufkraft hatte als die Reichsmark, bekamen die Arbeitnehmer plötzlich mehr Waren und Dienstleistungen für ihren Lohn. Innerhalb von nur zwei Monaten stieg die Industrieproduktion um 25 %. Gut ein Jahr später hatte die Industrie schon wieder das Niveau von 1936 erreicht.

Die Währungsreform im Jahr 1948 hat gezeigt: Ein Staatsbankrott kann sehr befreiend wirken.

Der vergessene Staatsbankrott: DDR 1989

In Lexika werden offiziell nur zwei deutsche Staatspleiten im 20. Jahrhundert aufgelistet: 1923 und 1948. Faktisch gab es jedoch eine dritte Staatspleite. Die DDR war 1989 weitgehend zahlungsunfähig. Nur die Wiedervereinigung verhinderte die öffentliche Bekanntmachung und die Aufnahme dieser Staatspleite in die Geschichtsbücher.

Argentinien: Der Staatsbankrott mit einem langen Anlauf

Die Argentinien-Krise war der teuerste Staatsbankrott in der jüngeren Vergangenheit. Noch heute verhandelt Argentinien mit den Besitzern seiner alten Staatsanleihen. 2001 hatte sich Argentinien zahlungsunfähig erklärt und die Zinsausschüttungen und Rückzahlungen seiner Staatschulden eingestellt. Im Jahr 2005 unternahm Argentinien den ersten Versuch, die Besitzer der Anleihen zu besänftigen. Das Angebot war recht komplex, doch die Kernbotschaft war, dass die Anleihenbesitzer Verlust von rund 75 % hinnehmen sollten. Ein ungewöhnlich hoher Abschlag – selbst bei Pleite-Kandidaten.

2010 wurde nach längerer Pause ein neues Umtausch-Angebot vorgelegt. Es geht noch um offene Nominalwerte in Höhe von rund 20 Mrd. US-Dollar und um 10 Mrd. US-Dollar an Zinszahlungen. Argentinien will die Altlasten beseitigen. Erfahrungsgemäß bedeutet ein solcher Schritt: Der Staat will wieder kapitalmarktfähig werden, um neue Staatsanleihen am Markt platzieren zu können.

Der Staatsbankrott im Jahr 2001 hatte eine lange Vorgeschichte. Noch vor 100 Jahren gehörte Argentinien zu den zehn reichsten Ländern der Welt. Das Pro-Kopf-Einkommen lag 1913 auf dem Niveau Deutschlands. Der Abwärtstrend setzte spätestens nach dem Zweiten Weltkrieg ein. Das südamerikanische Land musste in den vergangenen Jahrzehnten mehrere wirtschaftspolitische Wechsel überstehen. So wurden gleich sechs Währungsreformen durchgeführt. Die versuchten Systemwechsel führten zu einer Schwächung der Wirtschaft und der Währung. Der einzige gemeinsame Nenner: Die Inflationsrate blieb hoch und erreichte 1989, zwei Jahre vor dem offiziellen Staatsbankrott, den Höchststand von 5.000 %.

Das Wirtschaftssystem in Argentinien war bereits angeschlagen und daher besonders anfällig für externe Schocks. Und davon gab es in den Jahren vor dem Staatsbankrott reichlich. Ein großer Belastungsfaktor waren die verschiedenen Krisen in Südamerika (1995 Mexiko-Krise, 1998 Brasilien-Krise). Im Jahr 2000 musste Argentinien an den Kapitalmärkten bereits zweistellige Zinsen zahlen, um Anleger anzulocken. Die Kombination aus hohen Inflationsraten und hohen Risikoaufschlägen bei Staatsanleihen ist die Vorstufe zum Staatsbankrott.

Als dann auch noch die Terroranschläge vom 11. September 2001 die Weltwirtschaft kurzfristig in eine Art Schockzustand versetzte, war das in Argentinien die Einleitung des Staatsbankrotts. Im Dezember 2001 erklärte der argentinische Präsident die Zahlungsunfähigkeit. Damit war das Land auch offiziell bankrott. Aber nicht nur die Besitzer der Anleihen litten. Das Land stürzte in ein Chaos. Mehrere Präsidenten scheiterten und traten zurück, das Bruttoinlandsprodukt sank in der Krise um über 20 % und die Arbeitslosenquote stieg auf fast 25 %.

In den Folgejahren erholte sich die argentinische Wirtschaft wieder. Hilfreich war u. a. die finanzielle Unterstützung durch den Internationalen Währungsfonds (IWF). Wenn sich Argentinien jetzt auch noch mit den restlichen Besitzern der alten Staatsanleihen einigt, ist der Weg zum Kapitalmarkt wieder frei.

Island: Der plötzliche Absturz

Während Deutschland zwei Weltkriege brauchte und Argentinien immerhin mehrere Jahrzehnte Misswirtschaft, um die Staatsfinanzen zu ruinieren, schaffte Island dieses Kunststück in Rekordzeit. Island galt bis zum Ausbruch der Immobilien- und Finanzkrise als reiches Land. Allerdings hatte sich die Wirtschaftsstruktur ungünstig entwickelt. Die Finanzbranche dominierte die Wirtschaft. Rückblickend betrachtet war das Finanzzentrum auf Sand gebaut. Es fehlte das feste Fundament. Daher dauerte es nur Monate, bis aus einem reichen Land ein Pleitestaat wurde.

Die Finanzkrise erreichte 2008 ihren vorläufigen Höhepunkt, als die US-Bank Lehman Brothers zusammenkrachte. Das Vertrauen in die Banken war zerstört. Die isländischen Banken hatten im Boom auf die Karte Wachstum gesetzt. Sie hatten viel Geld in ausländische Unternehmen investiert und selbst in Deutschland massiv Kunden angelockt. Jetzt konnten sie nicht mehr zahlen. Die isländische Regierung musste die drei größten Banken des Landes verstaatlichen (Glitnir, Landsbanki und Kaupthing). In Deutschland wurde besonders die Kaupthing-Bank bekannt, bei der rund 50.000 Kunden monatelang um ihre Einlagen zitterten. Die Banken schuldeten ausländischen Investoren und Sparern insgesamt rund 43 Mrd. Euro. Diesen Kraftakt konnte das kleine Land nicht meistern. Der IWF und andere Länder stützten Island mit knapp 5 Mrd. Euro.

Die verstaatlichten Banken besaßen zusammen Verbindlichkeiten in Höhe von rund 900 % des isländischen Bruttoinlandsprodukts. Ende 2008 musste die Regierung verkünden, dass eine Bankenanleihe nicht zurückgezahlt werden kann. Damit hat Island indirekt den Staatsbankrott erklärt. Die geplatzte Anleihe stammt zwar von einer Bank, aber durch die Verstaatlichung haftet der Staat Island.

Für die Isländer ist das ein Schock. Sie sollen zukünftig Steuern zahlen, damit Schulden im Ausland beglichen werden. Die isländische Regierung verhandelt noch mit den Niederlanden und Großbritannien. Es geht um die Fragen, welche Summen Island zahlen muss und wann die Schulden beglichen werden. Die Niederlande und Großbritannien fordern 5,3 Mrd. US-Dollar. Damit die Relationen deutlich werden: Das entspricht einer Summe von ca. 16.700 US-Dollar, die jeder Isländer über Steuern aufbringen müsste, um diese Schulden zu tilgen. Besonders bitter: Politiker und Wirtschaftslenker haben Island erst ab Mitte der 90er-Jahre in Richtung Privatisierung getrieben und die Finanzbranche ausgebaut. Das war eine sehr kurze und rauschende, dafür aber sehr teure Party.

Die Verantwortlichen wussten schon vorher von der Schieflage

Die Verhandlungsposition der Isländer in der Schuld- und Schuldenfrage ist nicht gut. Eine unabhängige Kommission hat die Rolle der Regierung, der Notenbank und der Finanzaufsicht untersucht.

Der Bericht umfasst 2.300 Seiten und kommt zu einem eindeutigen Ergebnis: Die Verantwortlichen wussten schon Anfang 2008 von der finanziellen Schieflage der Banken. Regierung, Notenbank und Aufsichtsbehörde haben jedoch nicht reagiert und bis zum großen Finanzknall gewartet. Damit wird die Verteidigungsstrategie der Regierung löchrig. Es ist kaum noch haltbar, dass die Entscheidungsträger im Herbst 2008 überrascht wurden und vorher gar nicht reagieren konnten. Spätestens als die Finanzaufsicht im April 2008 auf die bedrohlich niedrige Eigenkapitalausstattung der drei Banken hingewiesen hat, wäre eine Notbremsung durch Regierung und Notenbank zwingend erforderlich gewesen. Aber wahrscheinlich hofften die Entscheidungsträger, dass sich die Lage auf den Finanzmärkten entspannen und die isländischen Banken aus eigener Kraft die Rettung schaffen würden. Doch dann kam die Lehman-Pleite dazwischen.

Problematisch für die Haftungsfragen: Der ehemalige isländische Regierungschef Geir Haarde und der Chef der Notenbank, David Oddsson, hatten noch kurz vor dem Krisenhöhepunkt das isländische Finanzsystem als stabil und sicher bezeichnet. Dabei lag damals schon die Warnung der Aufsichtsbehörde vor. Investoren können daher argumentieren, dass sie das Geld bei isländischen Banken angelegt haben, weil sie der Regierung und der Notenbank vertrauten. Eine gewisse Mitverantwortung tragen die Verantwortlichen aus Regierung und Notenbank auf jeden Fall. Das dürfte teuer für Island mit seinen 320.000 Einwohnern werden. Ein guter Indikator ist die Währung: In der Spitze hat die isländische Krone im Vergleich zum Euro rund 70 % an Wert verloren.

Die politischen Schuldigen scheinen gefunden zu sein, jetzt laufen noch die Ermittlungen gegen die Banken. Die Vorwürfe, die offen im Raum stehen, lauten u. a. auf Bilanzfälschung und Marktmanipulation. Der Zusammenbruch der isländischen Finanzbranche wird also noch ein Nachspiel haben. Und so lange Island nicht alle Schulden der verstaatlichten Banken bezahlt, muss das Land mit dem Makel leben, zumindest indirekt ein Bankrott-Staat zu sein.

Island als Warnung: Selbst der »sichere Hafen« Schweiz ist gefährdet

Spannend ist die Island-Krise jedoch nicht nur aufgrund der Schuld-frage. Fast noch wichtiger ist die Feststellung, wie schnell ein Staat abstürzen kann. Der Schwachpunkt ist offensichtlich: Der Finanz-sektor war zu groß. Die Bilanzsumme der Banken war vielfach grö-ßer als das isländische Bruttoinlandsprodukt (BIP). Der Staat konnte daher das System nicht retten.

Das wiederum bedeutet: Als Investor sollte man genau kontrollieren, wie die Struktur in den einzelnen Ländern aussieht. Ein Land mit ei-nem ähnlichen Verhältnis von BIP zu Bilanzsumme Banken ist aus-gerechnet der »sichere Hafen« Schweiz. Wenn die Schweiz zeitgleich mehrere Banken oder Versicherungen stützen muss, ist ein Staats-bankrott kaum noch zu vermeiden. Die Bilanzsumme der Schweizer Banken entspricht in etwa dem Achtfachen des Schweizer BIP. Die Bilanzsumme einer einzigen Großbank (UBS) reicht schon, um das Schweizer BIP deutlich zu übertreffen. Zum Vergleich: In den USA ist die Bilanzsumme der Banken insgesamt in etwa so groß wie die Wirtschaftsleistung (das BIP). Der US-Ökonom Nouriel Roubini weist daher explizit darauf hin, dass kleine Staaten wie Island, Irland und die Schweiz besonders gefährdet sind. Große Industrienationen wie die USA und Deutschland seien dagegen weniger gefährdet, da das Verhältnis von Wirtschaftsleistung und Schulden besser sei.

So erkennen Sie frühzeitig einen drohenden Staatsbankrott

Da seit 1800 quasi immer irgendwo auf der Welt Regierungen ge-gen den Staatsbankrott kämpfen, können Sie als Anleger das Thema nicht umgehen. So waren insbesondere die Argentinien-Anleihen vor Krisenbeginn ein Verkaufsschlager in Deutschland. Die Verluste der deutschen Investoren liegen im hohen Milliardenbereich. Auch griechische Anleihen werden aus heutiger Sicht irgendwann »um-strukturiert« werden müssen. Das heißt: Für 1.000 Euro Nominal-wert gibt es dann zum Beispiel nur 700 Euro zurück. Im angelsächsischen Bereich wird das »Haircut« genannt. Gemeint ist damit ein Forderungsverzicht. Josef Ackermann, Chef der Deutschen Bank, plauderte sogar in einer TV-Sendung locker darüber, dass Griechenland wohl nicht alle Schulden bedienen könne.

Griechische Anleihen notieren bereits deutlich unter dem Nominalwert. Die Frage ist daher, ob Sie als Investor die Risiko-Länder schon vorab erkennen können. Eine 100 % sichere Methode gibt es nicht. Es gibt jedoch zwei Entwicklungen und zwei Kennzahlen, die starke Warnsignale aussenden.

Vorläufer des Staatsbankrott: Bankenkrisen und steigende Inflationsraten

In ihrer Untersuchung über die Geschichte der Finanzkrisen haben die hier bereits mehrfach zitierten US-Ökonomen Rogoff und Reinhart zwei Entwicklungen beobachtet, die sehr häufig im Staatsbankrott mündeten.

- Erste Entwicklung: Nach einer größeren Bankenkrise folgen mit einiger zeitlichen Verzögerung oft auch Staatspleiten. Die Retter werden zum Opfer. In der aktuellen Krise ist ein Ausweichmanöver für Anleger schwierig, da weltweit sehr viele Banken betroffen sind. Relativ robust haben sich zum Beispiel die kanadischen Banken gehalten, die kaum mit strukturierten US-Immobilien-Papieren gezockt haben. Auf der anderen Seite könnte bei einer Krisenverschärfung das Wirtschafts- und Finanzsystem in den USA zusammenrechen (wie im Kapitel 3 beschrieben) und das Wirtschaftsklima in Nordamerika vergiften.
- Die zweite Entwicklung, die Rogoff und Reinhart beobachtet haben: Vor einem Staatsbankrott steigen oft die Inflationsraten. Ein Extrem-Beispiel ist die in diesem Kapitel beschriebene Kombination aus Hyperinflation und Staatsbankrott in Deutschland im Jahr 1923. Da die offi-

ziellen Inflationsraten jetzt noch in vielen Ländern relativ niedrig sind (eine Folge der Konjunkturschwäche und der geringeren Kreditaktivitäten), ist der Startzeitpunkt für eine genaue Beobachtung sehr günstig. Steigen demnächst die Inflationsraten in einzelnen Ländern, sollten Sie sehr vorsichtig agieren. Mehr Details zum Thema Inflation und Inflationserwartung finden Sie im Kapitel 5.

Kennzahlen des nahenden Staatsbankrotts: Zinsbelastung und Gesamtverschuldung gemessen am BIP

Die Schoellerbank mit Sitz in Österreich hat ebenfalls Pleitestaaten untersucht und nach kritischen Kennzahlen gesucht. Wenn zwei Grenzen überschritten wurden, war im historischen Rückblick die Gefahr groß, dass eine Staatspleite folgt:

- Ab einer Zinsbelastung in Höhe von 25 % der Steuereinnahmen wird es schwer, die Schuldenspirale zu durchbrechen.
- Ab einem Wert von 90 % des BIP aus dem Saldo der Verschuldung und den Financial Assets wachsen die Risiken. Insbesondere dann, wenn die Zinsen steigen, wird es kritisch (Beispiel Japan im Kapitel 3).

Die Schoellerbank hat diese beiden Kennzahlen herausgefiltert und ausgewählte europäische Staaten untersucht. Die Ergebnisse finden Sie in der Übersicht auf der folgenden Seite:

Wie Sie erkennen können, gibt es bei beiden Kennzahlen jeweils ein Land, das einen kritischen Wert erreicht. Bei der Zinsbelastung handelt es sich um Griechenland (26 % des BIP), bei der Verschuldung um Italien (-101 % des BIP). Mit -87 % (Stand 2009) steht Griechenland kurz davor, auch das zweite Krisen-Kriterium zu erfüllen. Fazit: Angesichts dieser Zahlen erscheint der Kauf von langlaufenden griechischen Staatsanleihen als ein zu riskantes Investment.

1009 in Mio. EUR	Einnahmen	davon Steuern	Zinsbelastung	in % der Steuereinnahmen	Finazaktiva	Schulden	Saldo	Saldo in % des BIP	Defizit	BIP
Griechenland	87.546	45.851	11.811	**26**	75.757	282.556	−206.799	**−87**	−32.342	237.494
Spanien	365.019	196.940	18.828	10	291.543	657.509	−365.966	−35	−117.630	1.051.151
Italien	709.135	441.858	70.163	16	421.688	1.956.973	−1.535.285	**−101**	−80.800	1.520.870
UK★	654.334	448.790	31.210	7	498.815	1.208.520	−709.705	−44	−186.347	1.623.107
Deutschland	1.065.950	567.390	63.530	11	670.557	1.832.499	−1.161.942	−48	−79.410	2.307.200
Irland	55.820	35.130	3.444	10	70.405	114.928	−44.523	−27	−23.350	163.543
Österreich	133.308	75.694	7.550	10	91.872	194.936	−103.604	−37	−9.496	276.892

Zinsbelastung und Verschuldungsgrad verschiedener Länder

Quelle Zahlen: Eurostat, Tabelle: Schoellerbank
★GBP umgerechnet mit EUR 0,86

Staatsbankrott: Vorsicht, aber keine Panik angebracht

Einige Crash-Propheten vergleichen den Staatsbankrott mit dem Weltuntergang. Das ist blinder Populismus. Staatspleiten sind weltweit an der Tagesordnung. Als Anleger müssen Sie damit leben. Während ein Unternehmen nach einem Bankrott vollständig aufgelöst werden kann, geht es für die Staaten immer irgendwie weiter. Daher ist eine Unternehmens-Insolvenz nicht mit einer Staatspleite vergleichbar.

Auch das Risiko, Kapital zu verlieren, ist geringer. Bei Unternehmen sind nach einer Pleite die Rückzahlungsquoten oft gering. Aktionäre stehen ganz hinten in der Reihe der Anspruchsberechtigten und auch die Banken und Anleihenbesitzer werden, wenn nur wenig verwertbare Substanz vorhanden ist, oft nur mit 5 bis 20 % der Forderungssumme abgespeist.

Bei Staatsanleihen sehen die Quoten deutlich besser aus. In der Vergangenheit erhielten die Anleihenbesitzer im Falle einer Staatspleite im Durchschnitt 70 % des eingesetzten Kapitals zurück. Die große Argentinien-Pleite mit der geringen Rückzahlungsquote von rund 30 % hat den Durchschnitt kurzfristig allerdings etwas nach unten gedrückt. Die Rating-Agentur Moody's hat von 1998 bis 2006 genau elf Staatspleiten mit Zahlungsausfall registriert. Die durchschnittliche Rückzahlungsquote lag hier bei 55 %. Während Argentinien ein Negativ-Beispiel war, sind die Besitzer der Uruguay-Staatsanleihen mit einem blauen Auge davongekommen. Im Krisenjahr 2003 mussten knapp 6 Mrd. US-Dollar Staatsschulden neu geordnet werden. Die pragmatische Lösung: Die Laufzeit der Staatsanleihen wurde um fünf Jahre verlängert, die Zinsen und der Nominalwert wurden jedoch nicht beschnitten.

Kurios: Obwohl Staatspleiten seit Jahrhunderten zum Investoren-Alltag gehören, gibt es einen Staatsbankrott offiziell gar nicht.

Wie bereits erwähnt, gibt es keine Insolvenzordnung für Staaten. Ein Grund: Es kann keine Regelung für ein Problem geben, das es offiziell gar nicht gibt. Nach dem traditionellen Völkerrecht kann ein Staat nicht pleite gehen. In der Theorie kann ein Land Geld drucken und damit die Schulden begleichen, oder aber die Staatseinnahmen durch Steuererhöhungen verbessern und die Staatsausgaben senken, um so die Schuldenkrise zu meistern. In der Praxis sind das aber im Krisenfall keine Optionen mehr.

In Deutschland ist rechtlich geregelt, dass ein Staatsbankrott offiziell nicht möglich ist. Im »Waldenfels-Urteil« aus dem Jahr 1962 hat das Bundesverfassungsgericht entschieden, dass das allgemeine Konkursrecht für einen Staatsbankrott weder gedacht noch geeignet ist. Zusätzlich regelt Paragraph 12 der deutschen Insolvenzordnung, dass über das Vermögen von Bund und Ländern kein Insolvenzverfahren eröffnet werden kann. Der Gesetzgeber blendet hier die Realität aus. Damit drückt er sich vor der Frage, ob im Falle einer Staatspleite die Souveränität eines Staates beschnitten werden darf (zum Beispiel durch einen externen Insolvenz-Verwalter).

In der Realität ist ein Staatsbankrott der letzte Ausweg. Die Währungsreform in Deutschland im Jahr 1948 war ein Beispiel dafür, dass ein Staatsbankrott sogar die beste Lösung sein kann.

Diese Erkenntnis ist nicht neu. Bereits im Jahr 1918 hat Professor Alfred Manes in seiner Studie »Staatsbankrotte, Wirtschaftliche und Rechtliche Betrachtungen« festgestellt:

> **»Staatsbankrotte sind keineswegs gleichbedeutend mit Staatsvernichtung, häufig genug zeigen sie sich sogar als Staatsrettung, als Staatsneubelebung.«**

Wobei der Autor dieses Buches einen Staatsbankrott nicht beschönigen will und einen Staatsbankrott auch nicht als einfache und schnelle Lösung ansieht, um Schulden zu entsorgen. Etwas poetischer beschreibt das wiederum Alfred Manes in der Einleitung seiner Studie:

> **»Wenn die vorliegende Schrift den Eindruck machen sollte, dass in ihr Staatsbankrotte entschuldigt oder besonders milde**

angesehen werden, so möchte der Verfasser doch nicht gern als ein Anwalt für diese gelten, so wenig wie man den Verteidiger eines Verbrechers mit dem Anstifter verwechseln darf, oder den Beichtvater, der dem Sünder Vergebung gewährt, mit dem Ratgeber, der vor begangener Tat befragt, sie empfehlen würde.«

Griechische Bank wettet auf Staatspleite

Politiker aus allen Lagern wettern gegen Spekulanten und erfinden neue Spielregeln, um die Zocker in die Schranken zu weisen, damit diese nicht von Staatspleiten profitieren können. Zu den beliebtesten Instrumenten der Spekulanten gehören die Kreditversicherungen (Credit Default Swaps, kurz CDS). Steigt die Unsicherheit, ob ein Land seine Schulden zurückzahlen kann, wird die Kreditversicherung teurer, der CDS-Kurs steigt. Interessant: Griechische Medien berichten, dass nicht nur Hedgefonds mit den Kreditversicherungen auf eine griechische Staatspleite gewettet haben. Auch die griechische Post Bank habe im August 2009 große CDS-Positionen aufgebaut – im Sommer 2009 herrschte noch die alte Regierung und offiziell waren damals die Staatsfinanzen noch im Lot. Die griechische Bank hatte offenbar bessere Informationen. Ebenfalls interessant: Laut Medienbericht hat die Post Bank das Geschäft über Goldman Sachs abgewickelt. Die US-Bank Goldman Sachs war auch daran beteiligt, die griechischen Schulden optisch niedrig aussehen zu lassen. Als die Lage zu heiß wurde, hat die griechische Post Bank die CDS wieder verkauft. Angeblich mit einem zweistelligen Millionengewinn. Wenigstens ein Gewinner in der Griechenland-Krise.

5. Die Vorstufe zum Staatsbankrott heisst Inflation

Unter den Experten tobt ein Streit: Droht eine Deflation oder eine Inflation? Für beide Entwicklungen gibt es stichhaltige Argumente und historische Vorbilder. Allerdings gibt es drei Gründe, warum Sie Ihr Vermögen schon jetzt gegen Inflationsrisiken schützen sollten. Eine Inflation ist für Staaten der leichteste Weg, die Staatsfinanzen zu »sanieren«:

- **Abschreckendes Beispiel Japan:** Die Deflations-Krise in Japan ist ein perfekter Musterfall, wie eine Krise über Jahrzehnte *nicht* gelöst wird. Regierungen und Notenbanken aus aller Welt können aus dieser Entwicklung lernen und die Fehler vermeiden. Japan hatte dagegen vor 20 Jahren Pech, dass es keine passenden Vorbilder gab.
- **Nach der Deflation folgt die Inflation:** Eine Deflation zerstört die Währung. Daher folgt nach einer Deflation fast zwangsläufig eine Inflation, die der Währung den endgültigen Todesstoß verpasst. Beispiel Japan: Im Kampf gegen die Deflation hat Japan einen gigantischen Schuldenberg angehäuft (wie im Kapitel 3 gezeigt). Das ist die Basis für den folgenden Inflationsschock. Das heißt: Selbst wenn es zunächst deflationäre Tendenzen gibt, folgt anschließend mit noch größerer Wahrscheinlichkeit eine Inflationsphase. Wer sich gegen Inflation schützt, liegt langfristig auf jeden Fall richtig. Es stellt sich dann nur die Frage, ob der Inflationsschub direkt erfolgt, oder erst nach der Deflationsphase.

- **Eine Inflations-Lösung verursacht die geringsten offensichtlichen Schmerzen.** Es gibt vier Wege, das Schuldenproblem zu entschärfen:
  a) Abgaben und Steuern massiv erhöhen (im großen Stil politisch fast unmöglich durchsetzbar),
  b) Ausgaben kürzen (politisch schwer durchsetzbar, große Haushaltspositionen sind oft Pflichtausgaben),
  c) höhere Steuereinnahmen durch Wirtschaftswachstum erzielen (Industrienationen sind noch angeschlagen, Wachstum könnte nur durch gigantische Konjunkturprogramme »erzwungen« werden; dafür müsste die Notenpresse betätigt werden, was ebenfalls einen Inflationsschub auslöst) und
  d) die Inflationsrate muss ein paar Prozentpunkte höher sein als die Neuverschuldung (es muss nur Geld gedruckt werden, es sind keine neuen Gesetze erforderlich, die Inflations-Verlierer, die Besitzer von Geldvermögen, werden schleichend enteignet und sehen auf dem Kontoauszug nicht einmal Verluste).

Besonders der dritte Punkt, die »schmerzfreie Inflations-Lösung«, ist bezeichnend. Wir erleben den »Live-Test« hier in Deutschland. Die Regierungskoalition hat offiziell ein 80-Mrd-Euro-Sparpaket beschlossen. Wenn man die heiße Luft aus den »Sparplänen« herauslässt, bleiben vielleicht 20 bis 30 Mrd. Euro übrig. Eine massive Ausgabenkürzung, oder eine kräftige Steuererhöhung ist offensichtlich nicht möglich. Es bleiben die Lösungen c (hoffen auf Wirtschaftswachstum) und d (Inflation).

Der Tabu-Bruch: Die EZB kauft Staatsanleihen und finanziert Staatsschulden

An der Lösung d (Inflation) wird schon gearbeitet. Die Europäische Zentralbank (EZB) darf seit Mai 2010 Staatsanleihen erwerben (der deutsche Bundesbankpräsident Axel Weber hat gegen das Programm gestimmt). In den ersten vier Wochen wurden bereits Staatsanleihen mit einem Volumen von 40,5 Mrd. Euro eingesammelt. Wenn die EZB dem Markt gleichzeitig an anderer Stelle Liquidität entzieht, so wie es angekündigt wurde, wäre die Staatsfinanzierung durch die Zentralbank noch kein Inflationstreiber.

Es wird aber, das zeigen vergleichbare Fälle, folgendes Szenario eintreten: In der nächsten kritischen Phase – etwa einem Konjunktureinbruch oder einer neuen Bankenkrise – wird die EZB Staatsanleihen kaufen, aber dem Markt nicht an anderer Stelle Liquidität entziehen. Die Begründung wird dann wahlweise sein: »In der Krise wäre ein solcher Schritt nicht zu verantworten, weil dann ein Banken-Sterben einsetzt, oder weil die Konjunktur abgewürgt wird«.

Das Beispiel USA zeigt: Die Notenbanken werden zu Erfüllungsgehilfen der Politik

Mit den oben genannten Argumenten kommt die US-Notenbank Fed schon seit Jahren über die Runden. Das Ergebnis wird sichtbar, wenn Sie die Bilanz der amerikanischen Notenbank betrachten:

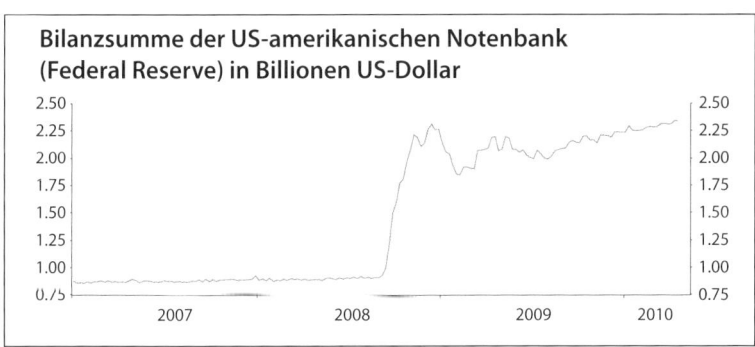

Quellen: EcoWin, Helaba Volkswitschaft/Research

Die Fed hat ihre Bilanzsumme vor der neuen Krise konstant gehalten. Mit Beginn der Finanzkrise wurde die amerikanische Notenbank jedoch zu einem Zwischenlager für Staatspapiere und verseuchte Finanzprodukte. In der Bilanz schlummern Staatsanleihen,

Hypothekenanleihen und »Wertpapiere« der bereits beschriebenen Immobilien-Finanzierer Freddie Mac und Fannie Mae. Das Ziel: Die Fed soll das Zinsniveau relativ niedrig halten, damit sich Freddie Mac, Fannie Mae und Co. relativ günstig refinanzieren können. Das Ergebnis: Seit Krisenbeginn ist die Bilanzsumme auf 2,3 Bio. US-Dollar angeschwollen.

Interessant: Ursprünglich sollte die Stützungsaktion nur für die Rezessionsphase gelten. Danach würde dann die »Exit-Strategie« greifen (der finanzielle Giftmüll aus der Fed-Bilanz soll wieder in den Markt gepumpt werden). Die US-Wirtschaft wächst bereits wieder seit einigen Quartalen, jedoch ist von einer schrumpfenden Bilanzsumme nichts zu sehen. Begründet wird das damit, dass die Fed nicht nur das Ziel hat, für Preisniveaustabilität zu sorgen, sondern auch für einen hohen Beschäftigungsstand verantwortlich ist. Eine offizielle Arbeitslosenquote von über 9 % in den USA ist für Notenbank-Chef Ben Bernanke der Freibrief, weiterhin mit ganzer Kraft auf dem geldpolitischen Gaspedal zu stehen.

Allerdings wird selbst in den USA der »Rettungseifer« der eigenen Zentralbank immer kritischer gesehen. Das gipfelt in der radikalen Forderung, die Fed in ihrer jetzigen Form komplett abzuschaffen. Begründung: Die Fed sei ein Teil des Problems, nicht die Lösung.

Die ganz große Reform ist nicht zu erwarten, aber die Fed muss sich mehr kritische Fragen gefallen lassen. So hat der US-Senat im Mai eine unabhängige Betriebs- und Bilanzprüfung der Fed beschlossen. Im Mittelpunkt der Untersuchung steht das Krisenmanagement. Die Fed muss alle Marktteilnehmer nennen, die seit Dezember 2007 von der Notenbank gestützt wurden. Zumindest konnten die Befürworter der Fed noch verhindern, dass die Prüfungen zukünftig regelmäßig erfolgen. Es bleibt (vorerst) bei einer Sonderprüfung.

Ebenfalls abgelehnt wurde der von einigen Republikanern eingebrachte Antrag, dass die Fed Risiko-Papiere der Immobilien-Finanzierer Freddie Mac und Fannie Mae abstoßen soll. Aber selbst die Senatoren, die gegen diesen Antrag gestimmt haben, dürften große

Bauchschmerzen haben, wenn sie daran denken, welcher Giftmüll sich in der Bilanzsumme von rund 2,3 Bio. US-Dollar versteckt. Vielleicht startet die Fed ihre »Exit-Strategie« noch nicht, weil niemand den Mut hat, sich die Bilanz im Detail anzuschauen.

Staatsfinanzierung durch Notenbanken führt zu Inflation und Staatsbankrott

Auch die Vertreter der Europäischen Zentralbank sprechen seit dem ersten Kauf von europäischen Staatsanleihen immer wieder von einer »Exit-Strategie«. Ob die EZB in der harten Krisen-Realität tatsächlich standhafter ist als die Fed, bleibt abzuwarten. Die Fed-Bilanz zeigt auf jeden Fall, warum zumindest einige Notenbanker (insbesondere Vertreter der Bundesbank) und Politiker in Europa eine Gänsehaut bekommen haben, als der Europäischen Zentralbank genehmigt (oder aufgezwungen?) wurde, Staatsanleihen der Euro-Staaten zu kaufen und damit eine aktive Staatsfinanzierung zu betreiben. Es besteht die Gefahr, dass die Bilanz der EZB in fünf Jahren gewisse Ähnlichkeiten mit der Fed-Bilanz aufweist.

Eine Staatsfinanzierung durch die Notenbank war in der Vergangenheit oft das Startsignal für den nächsten Inflationsschub. Und ein Inflationsschub – das haben die Untersuchungen von Rogoff und Reinhart gezeigt – war in der Wirtschaftsgeschichte regelmäßig die Vorstufe zum Staatsbankrott.

Das Risiko ist also bekannt, jedoch ist unklar, ob es überhaupt noch eine Wahlmöglichkeit gibt. Kaufen die Notenbanken *freiwillig* die Staatsanleihen, oder *müssen* sie, weil ansonsten das gesamte System implodieren würde? So gibt es Schätzungen von Barclays Capital, dass die USA im Jahr 2010 für die Staatsfinanzierung Anleihen im Wert von 2.500 Mrd. US-Dollar platzieren müssen. Die Staaten aus dem Euro-Raum benötigen Abnehmer für Staatsanleihen im Wert von 1.000 Mrd. Euro. Je nach Krisenentwicklung kann der Finanzbedarf sogar noch steigen.

Gleichzeitig verharren die Zinsen im Euro-Raum und in den USA auch nach dem Ende der Rezession auf einem historisch niedrigen Niveau. Es ist also für die Investoren nicht besonders attraktiv, in der aktuellen Situation im großen Stil Staatsanleihen zu erwerben. Daher kann es passieren, dass die Zentralbanken Staatsanleihen faktisch kaufen müssen, damit die großen Platzierungen nicht scheitern und eine neue Schulden-Krise auslösen.

> ### Verdeckter Staatsbankrott
>
> Auch hier wieder der Hinweis: Wenn sich ein Staat am freien Kapitalmarkt nicht mehr aus eigener Kraft refinanzieren kann, ist das ein verdeckter Staatsbankrott. Einige Staaten stehen nicht nur am Abgrund, sie sind schon einen Schritt weiter ...

Die Geldmenge: Der Schlüssel zur Inflation

Wenn die Preise steigen, ist das die Folge von Inflation. Inflation entsteht dann, wenn die Geldmenge stärker wächst als die Gütermenge. Dann bläht sich die Geldmenge auf (der Begriff »Inflation« kommt vom lateinischen Wort inflare = aufblähen). Die Geldmenge wächst zum Beispiel dann, wenn eine Notenbank Staatsanleihen in ihre Bilanz aufnimmt und den Staat im Gegenzug mit Liquidität versorgt. Genau das geschieht in der aktuellen Krise. Wenn gleichzeitig in anderen Wirtschaftsbereichen das Kreditvolumen sinkt, halten sich die Inflationsrisiken im Rahmen. Das ist der Grund, warum wir aktuell relativ moderate Inflationsraten erleben.

Stabilisiert sich die Konjunkturlage, wird es dagegen bedenklich, wenn Regierung und Notenbank im Zusammenspiel die Geldmenge erhöhen. So warnt der für seine kritischen Kommentare bekannte Börsenexperte Marc Faber, dass die Staaten in den nächsten Jahren das Instrument der Geldmengenerhöhung nutzen werden, um die Haushaltsdefizite abzudecken. Die Begründung: »Es gibt keinen anderen Weg, als Geld zu drucken«. Seine Schlussfolgerung lautet, dass Papiergeld langfristig immer Richtung seines eigentlichen Wertes läuft – und der liege bei Null. Einen besonderen Krisenherd nennt

Faber auch noch: »Die USA werden eine Inflation wie Simbabwe bekommen.« (Anmerkung: Im Sommer 2008 erreichte die Inflation in Simbabwe Werte von über 100 Mio. % pro Monat).

Inflation als offizieller Rettungsweg

Wie mehrfach betont, ist Inflation ein Weg, das Schuldenproblem der Staaten zu entschärfen. Das ist allerdings keine echte Lösung des Problems. Inflation bedeutet, dass der Staat die Probleme auf andere Marktteilnehmer abwälzt. In diesem Fall wären das die Besitzer von Geldvermögen.

Daher ist es entweder schon sehr dreist, oder aber ein Zeichen von Hoffnungslosigkeit, wenn sogar offen über die »Lösung Inflation« diskutiert wird. Einen bemerkenswerten Beitrag in dieser Diskussion leistete Olivier Blanchard, Chefökonom des Internationalen Währungsfonds (IWF). In einer Studie schlug Blanchard ein Inflationsziel von 4 % vor. Das würde einen Puffer für Krisenzeiten schaffen.

Harvard-Professor Kenneth Rogoff kann sich sogar Inflationsraten von 6 % über einige Jahre vorstellen, wenn dadurch der Abbau der Überschuldung gelingt. Bemerkenswert: In seiner Studie über Finanzkrisen warnt Rogoff gleichzeitig vor zu hohen Inflationsraten, da sie in den Staatsbankrott münden können.

Auch Thomas Straubhaar, Direktor des Hamburgischen Welt-Wirtschafts-Instituts (HWWI) kann sich Inflation als ein Krisen-Instrument vorstellen: »Eine schleichende Inflation von annähernd 5 % ist von den wenigen Optionen, die nach dem Sündenfall ausufernder Staatsverschuldung offen stehen, die wohl am wenigsten kostspieligste.« Der Effekt sei: »Hohe Inflationsraten verringern die reale Belastung nominaler Schulden. Sie sind deshalb politisch die einfachste Option, Staatsschulden auf die kalte Art zu beseitigen.«

Blanchard, Rogoff und Straubhaar sind in der Wirtschafts- und Finanzszene keine Exoten, die ungewöhnliche Thesen vertreten, nur um ein paar Schlagzeilen zu produzieren. Die Diskussion rund um das »Instrument Inflation« ist real. In der Öffentlichkeit werden nur wenige Entscheidungsträger diesem Plan zustimmen – speziell in Deutschland reagieren die Bürger sehr empfindlich auf das Wort Inflation – aber in vertraulicher Runde ist die Zustimmungsquote deutlich höher.

Ein Argument, das scheinbar für diesen Weg spricht, ist die historische Erfahrung. So wurde in den USA eine Schuldenkrise bereits »weginflationiert«. Mitte der 60er Jahre waren die USA mit über 120 % des BIP verschuldet. Zehn Jahre später lag der Wert nur noch bei gut 30 %. Fast 60 % des »Schuldenabbaus« waren ein Inflations-Effekt.

Dieses historische Beispiel ist natürlich bekannt. In 4-Augen-Gesprächen wird daher auch immer häufiger die »5x5-Lösung« als Favorit genannt. Die Auflösung der Formel: Wenn die Inflation in den nächsten fünf Jahren jährlich um 5 % steigt, könnten viele EU-Staaten wieder die alte Schuldenobergrenze von 60 % erreichen (für Griechenland gilt das allerdings nicht).

Inflationserwartung: Die Büchse der Pandora

Die Gedankenspiele um den »Lösungsansatz« Inflation haben eine Schwachstelle: Die Inflation lässt sich nicht beherrschen. In den USA wurde in den 60er-Jahren die Verschuldung dank der Inflation gesenkt, aber das war eher ein zufälliger Effekt, der sich günstig entwickelt hat.

Ein Problem ist zum Beispiel die Inflationserwartung. Wenn die Unternehmen und Verbraucher davon ausgehen, dass die Inflationsraten deutlich steigen, werden sie entsprechend reagieren. Die Verbraucher werden versuchen, Bargeld möglichst schnell auszugeben, weil das Geld seine Kaufkraft verliert. Die Inflationsspirale kann dann kaum noch gestoppt werden. Die dramatischen Folgen waren 2007/2008 in Simbabwe zu sehen, aber auch historisch weiter zurückliegend 1923 in Deutschland. Vom ehemaligen Bundesbankpräsidenten Otmar Emminger ist der schöne Satz überliefert: »Wer mit der Inflation flirtet, wird von ihr geheiratet.«

Wenn also die Zentralbanken ihre alten Positionen aufgeben und offiziell Inflationsraten von 4 oder 5 % akzeptieren, kann das ein Erdbeben auslösen. Inflationsziele von 2 % galten über Jahre als Ziel der Zentralbanken. Wird diese Zielgröße über Nacht auf 4 % verdoppelt, könnte das eine Vertrauenskrise auslösen. Wer 4 oder 5 % akzeptiert, akzeptiert vielleicht auch 8 bis 10 %. Papiergeld ist jedoch eine reine Vertrauenswährung (es gibt keine Golddeckung mehr). Wenn das Vertrauen fehlt, wird die Währung systematisch zerstört. Dann gilt wieder der bereits zitierte Satz von Marc Faber, dass der Wert des Papiergeldes Richtung Null tendiert.

Daher sollten die Entscheidungsträger sehr genau überlegen, ob sie die Inflation offiziell als Instrument zum Schuldenabbau einsetzen und damit die Büchse der Pandora öffnen. Selbst der US-Notenbankchef Ben Bernanke, der nicht unbedingt als geldpolitischer Hardliner gilt, hat erkannt, dass ein höheres Inflationsziel zur Folge haben könnte, dass die Öffentlichkeit das Vertrauen in die Zentralbank verliert und nicht mehr daran glaubt, dass die Zentralbank eine Teuerung aktiv bekämpft.

Es besteht sogar noch eine weitere Gefahr: Steigt die Inflationserwartung auch bei den Investoren, können diese in Panik geraten und alte Staatsanleihen mit niedrigen Renditen, die unterhalb der erwarteten Inflationsraten liegen, schnellstmöglich verkaufen, um später Kaufkraftverluste zu vermeiden. Die Folge wäre mit hoher Wahrscheinlichkeit ein Crash am Markt für Staatsanleihen. Genau das können die Staaten, die – wie oben beschrieben – in diesem Jahr neue Anleihen in Billionenhöhe platzieren möchten, überhaupt nicht gebrauchen. Die Zinsen am Rentenmarkt müssen niedrig bleiben, weil steigende Zinsbelastungen die Budgets der Staaten noch schneller ruinieren würden.

Der geheime Weg zur Inflation: Manipulation der Statistiken

Da eine offiziell verkündete Inflationspolitik zu den oben beschriebenen negativen Reaktionen führen könnte (steigende Inflationserwartung, Crash am Anleihenmarkt), gibt es noch einen anderen Weg: Die Inflationsraten werden künstlich nach unten gerechnet. Seit Jahrzehnten werden in den USA regelmäßig die Methoden zur Berechnung der Inflationsrate verändert. Es kann kein Zufall sein, dass quasi jede Reform dazu führt, dass die Inflationsrate anschließend niedriger ausfällt. Aber genau das ist in den USA der Fall. John Williams und seine Mitstreiter versuchen auf der Internetseite www.shadowstats.com die Manipulationen der Behörden aufzudecken (Inflationsraten, Arbeitslosenquoten etc.). Im Chart erkennen Sie die offizielle Inflationsrate (helle Linie) und die Inflationsrate, die gelten würde, wenn man die Reformen der vergangenen 20 Jahre herausrechnet (dunkle Linie). Der Unterschied ist gewaltig:

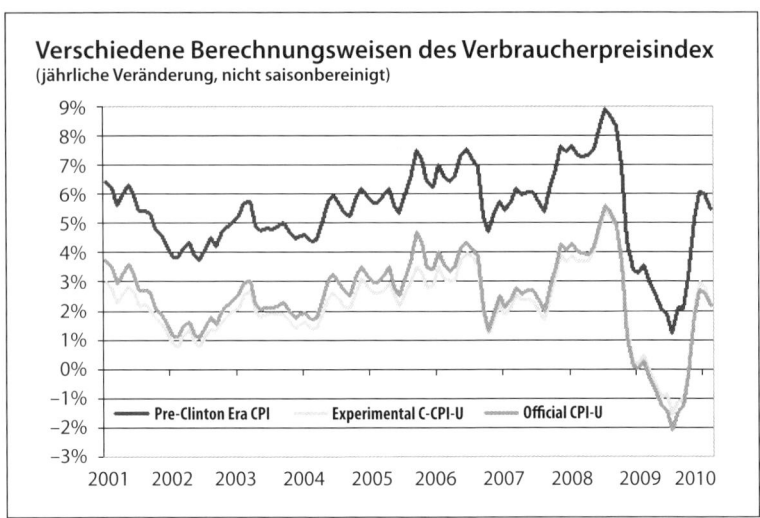

Quelle: www.shadowstats.com

Wie Sie erkennen können, zeigt die Linie, die die Inflationsrate nach der alten Methode berechnet, aktuell einen Wert von 5 bis 6 % an. Das ist genau der Zielbereich, den die Inflationsbefürworter anstreben. Die offizielle Inflationsrate liegt dagegen nur bei 2 % – die Bevölkerung kann also ruhig schlafen.

Die Tricks, mit denen die Statistik beeinflusst wird, sind vielfältig. So fließt zum Beispiel der technische Fortschritt mit ein. Wenn ein neuer Computer im Vorjahr 1.000 US-Dollar gekostet hat und aktuell immer noch 1.000 US-Dollar kostet, ist er laut Inflationsstatistik günstiger geworden, weil der technische Fortschritt dazu führt, dass der Käufer heute »mehr« Computer für seine 1.000 US-Dollar bekommt.

Sehr innovativ ist auch der Ansatz, dass die Statistiker stets davon ausgehen, dass die Verbraucher auf ein vergleichbares Produkt umsteigen, wenn das andere Produkt teurer wird. Steigt also in den USA der Preis für Butter, dann rechnen die Statistiker so, als ob die Verbraucher stattdessen Margarine gekauft haben, weil diese nicht teurer geworden ist. Es wird also immer so getan, als ob der Verbraucher das billigere Produkt kauft. So muss die Inflationsrate automatisch relativ niedrig bleiben.

Wenn aber ein Produkt regelmäßig teurer wird, aber gleichzeitig keine günstige Alternative in Sicht ist, dann wird das teure Produkt aus dem Warenkorb entfernt. Sie sehen: Es gibt viele Mittel und Wege, die Inflationsrate nach unten zu drücken.

Staatsanleihen als Minusgeschäft

Das bedeutet konkret für Geldanleger: Die Investoren, die sich eine US-Staatsanleihe mit einer Rendite von 3 % ins Depot legen, machen offiziell 1 % Gewinn (3 % Rendite abzüglich 2 % Kaufkraftverlust durch Inflation), in Wahrheit aber 2 % Verlust (3 % Rendite abzüglich 5 % Inflation). In dieser Rechnung fehlen sogar noch die Transaktionskosten und die Steuern. Das Spiel geht nur dann gut, wenn die Anleger glauben, dass sie mindestens ihre Kaufkraft erhalten.

Daher schon jetzt die Empfehlung: Schauen Sie nicht einfach zu, wie die Inflation Ihr Geld langsam entwertet. Schichten Sie Ihr Geld in Sachwerte um, die über Jahrzehnte oder sogar Jahrhunderte gezeigt haben, dass sie einen Inflationsausgleich bieten. Wenn die große Masse der Anleger entdeckt, wie die echten Zahlen aussehen, wird ein Run auf Sachwerte einsetzen. Eine steigende Nachfrage bei einem konstanten Angebot bedeutet aber auch immer, dass die Preise steigen. Decken Sie sich daher mit Sachwerten ein, bevor die Masse einsteigt. Besser ein Jahr zu früh, als ein Jahr zu spät.

Inflation kann schnell kommen: Reaktion dann kaum noch möglich

Die Wirtschaftsexperten, die keine Inflation erwarten, verweisen auf den strahlend blauen Himmel. Keine Inflationswolke zu sehen. Das Geldmengenwachstum war in Europa und in den USA zuletzt sogar negativ. Das spricht eher für eine Deflation, also ein Kaufkraftgewinn, oder zumindest eine Disinflation, also eine Verlangsamung des Preisanstiegs.

Das ist aber eine Momentaufnahme. Ein Trendwechsel kann extrem schnell einsetzen. Betrachten Sie die rasante Entwicklung in Deutschland im Jahr 1923. Wir brauchen aber nicht auf ein solches Extrem-Beispiel zurückgreifen. Als im Herbst 2008 die Pleite der US-Bank Lehman Brothers der Finanzwelt einen Schock versetzte und das Vertrauen der Banken untereinander auf Null absank, öffnete die US-Notenbank alle Geldschleusen und erhöhte die Geldbasis im Rekordtempo.

Zusammen mit einer Null-Zins-Politik wird das mittelfristig die Inflation nach oben treiben. Die Liquidität muss angelegt werden. Neue Preisblasen sind schon in Sicht, auch wenn die offiziellen Verbraucherpreise ein ruhiges Inflationsklima andeuten.

Das Spiel mit dem Feuer: Schützen Sie sich

Politik und Zentralbanken haben die Inflation als »Instrument zum Schuldenabbau« entdeckt. Dabei sollte nie vergessen werden: Inflation und Inflationserwartung sind nicht kontrollierbar. Wenn das Feuer wütet, kann daraus schnell ein Flächenbrand werden. Daher sollte immer bedacht werden, was Inflation im Kern ist: »Inflation ist erzwungene Umverteilung, also Raub.« (Das Zitat stammt von Thorsten Polleit, Chefökonom Deutschland, Barclays Capital).

Eine negative Folge der aktuellen Schuldenkrise ist, dass die halbwegs unabhängigen Notenbanken immer stärker unter Druck geraten und die Gefahr besteht, dass die Notenbanker zu Erfüllungsgehilfen der Regierungen werden. Eine Verbindung von Regierung und Notenbank ist auf Dauer für das Währungssystem sehr ungesund. Der Ökonom David Ricardo beschrieb das bereits im 19. Jahrhundert. Sein Fazit lautete, dass man es Politikern nicht erlauben dürfe, Geld zu drucken. Sie würden im Zweifelsfall immer Inflation erzeugen.

Der Kauf von Staatsanleihen durch die Europäische Zentralbank ist daher eine Art Dammbruch. Es gibt jetzt faktisch ein Zusammenspiel von Notenbanken und Regierungen. Der ehemalige Bundesbankpräsident Helmut Schlesinger bedauert, dass der Kampf um die Unabhängigkeit der Zentralbank doch noch verloren wurde: »Die Zentralbank hat den Rubikon überschritten. Wir wollten damals ausschließen, dass die Notenbanken den Staat finanzieren.«

Sehr skeptisch für die Zukunft ist auch Douglas Casey, der Gründer von Casey Research in einem Gespräch mit der Wirtschaftszeitung Handelsblatt. Seine Kriseneinschätzung lautet:

>**Die meisten Regierungen sind bankrott. Die Defizite werden immer häufiger an die Zentralbanken abgegeben und monetarisiert. In den kommenden Jahren erwarte ich horrende Inflation, weltweit.**«

Es wird also Zeit, Ihr Geldvermögen vor der Entwertung zu schützen. Sie sollten Inflation und Staatsbankrott stets als sehr reale Gefahr im Auge behalten, wenn Sie Ihre Entscheidungen zum Thema Geldanlage fällen. Konkrete Empfehlungen finden Sie in den nächsten Kapiteln.

6. Vermeiden Sie ruinöse Geldanlagen

Der Staatsbankrott wird kommen. Als Währungsreform, Währungsschnitt, Inflation, Hyperinflation, verhandelbar und nicht verhandelbar. Deutschland und die EU werden ihre Schulden nicht mehr vollständig zahlen können und nicht zahlen. Es gibt kein Zurück, das haben Sie in den Kapiteln 1 bis 5 erfahren.

Wir gehen davon aus, dass ein Staatsbankrott mit einer sichtbaren Inflation beginnen wird. Auf dieses wahrscheinlichste Szenario können Sie Ihr Vermögen in zwei Schritten vorbereiten. Unsere Leitlinie ab Sommer 2010:

- Vermeiden Sie ab sofort jede Form von *Geld*anlagen,
- Investieren Sie in verschiedene *Sachwert*anlagen nach einer bestimmten Systematik, die wir Ihnen im nächsten Kapitel vorstellen werden.

Ihr Vorteil wird sein, dass Sie mit diesem systematischen Depot auch dann sicher aufgestellt sind, wenn der neuerliche Staatsbankrott in Deutschland anders verläuft, als wir hier unterstellen.

Vermeiden Sie »Geld« in seinen vielfältigen Formen

Geld, das wir hier beschreiben, ist:
➤ Bargeld
➤ Giralgeld auf Ihren Girokonten
➤ Tagesgeld
➤ Festgeld
➤ Anleihen
➤ inflationsgeschützte Anleihen
➤ Kapitallebensversicherungen
➤ Schuldscheine

Halten Sie so wenig wie irgend möglich von diesen Geldarten in Ihrem Vermögen. Auf den folgenden Seiten erfahren Sie warum. Investieren Sie so, dass Ihr Vermögen

- transparent, das heißt verständlich und übersichtlich,
- möglichst zu großen Teilen schnell liquidierbar (das heißt verkäuflich)
- mit möglichst wenig Zeitaufwand zu verwalten
- und so weit wie möglich vor staatlichem Zugriff geschützt

ist. Geld in all seinen Formen hilft Ihnen dabei nicht. Volkswirte glauben heute noch, Geld sei das ideale Tauschmittel, Wertaufbewahrungsmittel, der ideale Wertmaßstab.

Das ist falsch, wie die Geschichte und die aktuelle Situation belegen: Geld verliert permanent an Wert. Es ist schlicht und ergreifend nicht knapp. Staaten können es nahezu beliebig produzieren und damit im wahrsten Sinne des Wortes entwerten. Halten Sie Geld in so geringen Mengen wie möglich.

Unstrittig ist: Geld dient als Tauschmittel. Im Idealfall ist es gesetzlich anerkanntes Tauschmittel, das Ihr Handelspartner annehmen muss. Damit ist aber nicht viel über den Preis gesagt. Entscheidend ist, wie viele Waren Sie für dieses Geld bekommen. Und schon ist klar: Geld *ist* kein Tauschmittel – über einen längeren Zeitraum betrachtet – sondern *funktioniert* aktuell noch als Tauschmittel. Weil es *noch* Vertrauen genießt.

Unstrittig ist: »Wertaufbewahrungsmittel« oder auch nur »Wertmaßstab« ist Geld noch nie gewesen. Ein Ammenmärchen, das heute noch an den Universitäten gelehrt wird. Dafür müsste es mit jeder neuen Wareneinheit (Häuser, Computer, Nahrungsmittel von derselben Machart) immer eine neue Geldeinheit geben.

Geld aber ist bei uns an nichts gebunden – weder an Waren noch an einen sonstigen begrenzten Wert wie etwa Gold. Im Gegenteil: Der Staat kann soviel Geld produzieren, wie er möchte. Da auch die Warenproduzenten soviel produzieren können und vor allem auch, wann immer sie möchten, ohne dies anzumelden, stehen die beiden Tauschobjekte in immer neuen Verhältnissen einander gegenüber. Geld kann, logisch betrachtet, keine Werte aufbewahren.

Geld, wie wir es kennen, funktioniert zur Zeit noch als Tauschmittel. Nicht mehr, nicht weniger. Dieses Tauschmittel wird aber künftig schlechter. Deshalb halten Sie so wenig Geld wie möglich im Vermögen halten. Aber das sagten wir bereits.

Zu den Fakten: Geld ist tendenziell immer weniger wert, ob als DM oder als Euro.

Würde heute wie 1948 ein Kopfgeld von 60 DM ausgezahlt werden, müsste der Staat aktuell 6.247 Euro für dieselbe Aufteilung aufwenden. Die Rechnung ist ganz einfach: Aktuelle Geldmenge geteilt durch Bevölkerungszahl.

Diese Zahl ist noch nicht entscheidend, dem Mehrgeld steht immerhin ein höheres Bruttoinlandsprodukt BIP (=Waren und Dienstleistungen) gegenüber. Aber dieser Eindruck täuscht. Ab dem Jahr 1970 (verlässliche Daten liegen erst ab diesem Zeitpunkt vor), fällt das bereinigte Bruttoinlandsprodukt im Vergleich zur zirkulierenden Geldmenge stärker und stärker. Das Verhältnis zwischen Geld – dem angeblich wertstabilen Tauschmittel – und Wirtschaftsleistung (ausgedrückt im BIP) wird immer schlechter. Dasselbe Bild zeigt sich in den USA. Geld wird daher zwangsläufig immer weniger wert. Es ist weder geeignetes Wertaufbewahrungsmittel noch geeignetes – dauerhaftes – Tauschmittel. Sehen Sie selbst, wie die Inflation Ihr Geldvermögen vernichtet:

Geldentwertung bei bestimmten Inflationsraten					
Jahr/Inflationsrate	3 %	4 %	5 %	6 %	10 %
1	100 %	100 %	100 %	100 %	100 %
2	97 %	96 %	95 %	94 %	90 %
3	94 %	92 %	90 %	88 %	81 %
4	91 %	88 %	86 %	83 %	73 %
5	89 %	85 %	81 %	78 %	66 %
6	86 %	82 %	77 %	73 %	59 %
7	83 %	78 %	74 %	69 %	53 %
8	81 %	75 %	70 %	65 %	48 %
9	78 %	72 %	66 %	61 %	43 %
10	76 %	69 %	63 %	57 %	39 %
11	74 %	66 %	60 %	54 %	35 %
12	72 %	64 %	57 %	51 %	31 %
13	69 %	61 %	54 %	48 %	28 %
14	67 %	59 %	51 %	45 %	25 %
15	65 %	56 %	49 %	42 %	23 %
16	63 %	54 %	46 %	40 %	21 %
17	61 %	52 %	44 %	37 %	19 %
18	60 %	50 %	42 %	35 %	17 %
19	58 %	48 %	40 %	33 %	15 %
20	56 %	46 %	38 %	31 %	14 %

Quelle: eigene Berechnungen

Jetzt sehen Sie, warum es so gefährlich ist, sein Vermögen in Form von Geld beziehungsweise Zahlungsansprüchen konservieren zu wollen: Bei einer Inflation von »nur« 6 % haben Sie nach zwölf Jahren nur noch die Hälfte Ihres Vermögens. Bei 10 % weniger als ein Drittel. Lösen Sie daher die folgenden Vermögenspositionen in Ihrem Depot nach und nach auf.

Kapitallebensversicherungen

Lebensversicherungen begründen einen Geldanspruch gegen die Versicherungsgesellschaft. Nicht nur im Todesfall erhalten die Hinterbliebenen Geld. Sondern auch wenn der Versicherte zum Fälligkeitszeitpunkt noch lebt, hat er Anspruch auf eine Auszahlung. Das klingt gut, ist aber gefährlich. Denn:

- Sie wissen nicht, wie weit das Geld bereits verloren hat, wenn Sie es erhalten. Eine Inflationsrate von 5 % bedeutet, dass Sie nach 12 Jahren nur noch 57 % Kaufkraft besitzen und vielleicht ein paar Prozentpunkte mehr als Zusatz zur garantierten Ablaufleistung. Eine Kapitallebensversicherung ist eine Wette gegen die Erwartung, dass eine Inflation eintritt – unter heutigen Gesichtspunkten reine Zockerei.
- Aktuell bleiben vor 2005 abgeschlossene Lebensversicherungen unter bestimmten Bedingungen steuerfrei. Ändern sich die Besteuerungsgrundlagen weiter (weil der Staat Geld benötigt), ändert sich das Auszahlungsprofil noch einmal zu Ihren Ungunsten. Inwieweit die heutigen Verträge Bestandsschutz genießen, ist nach allen Erfahrungen der Vergangenheit nicht zu sagen. Denken Sie daran: Die EU hat ohne jede rechtliche Grundlage sogar Griechenland Geld geliehen. Plötzliche Änderungen in der Steuergesetzgebung sind also jederzeit möglich.
- Kapitallebensversicherungen sind gerade anfangs – wenn das Geld noch nicht durch Inflation aufgefressen ist – zu teuer. Von Ihren Beiträgen zahlt die Gesellschaft dem Vermittler Abschluss- und Bestandsprovisionen, deckt die

Verwaltungs- sowie die Versicherungskosten. Erst im Laufe der Jahre fließt ein höherer, inzwischen aber wertloserer Anteil der Beiträge in die Geldanlage.

- Der Rückkaufwert Ihrer Lebensversicherung wird nach statistischen Berechnungen erst mit Ablauf von etwa neun Jahren dem entsprechen, was Sie eingezahlt haben. Ein kurzer Blick in die Tabelle zeigt: Neun Jahre bei einer Inflationsrate von 10 % lassen gerade einmal 43 % Ihres Vermögens übrig – vor Steuern.

- Demgegenüber steht bei neu abgeschlossenen Versicherungen eine Garantieverzinsung von zur Zeit 2,25 %. Diesen Garantiezins gibt es allerdings nur auf den reinen Geldanlageanteil Ihrer Prämien, also auf das, was nach Abzug der Kosten (siehe oben) übrigbleibt. Dazu kommt die Überschussbeteiligung plus die Ablaufleistung – wie hoch die ist, steht in den Sternen.

- Wesentlich höher wird die Rendite auch nicht werden. Aktuell beträgt die Rendite für deutsche Staatsanleihen etwa 2,8 %. Mit guten Unternehmensanleihen verdienen Sie etwa 4 %. Versicherer legen ihr Geld aber sehr konservativ an, also vorwiegend in Darlehen, Pfandbriefe, Rentenfonds, Staatsanleihen. Mit einer üppigen Verzinsung können Sie also nicht rechnen. Es wird bei durchschnittlichen Anleiherenditen bleiben.

Ein kurzer historischer Rückblick

Sowohl bei der Hyperinflation im Jahr 1923 als auch der Währungsreform 1948 haben Lebensversicherte nahezu alles verloren. 1923 etwa wurde aus 20 Jahren Prämieneinzahlungen in Höhe von 5 Mark (heutzutage mehr als 100 Euro) 1.200 Mark eingezahlter Gesamtprämie.

Für 5 Mark gab es im Jahr 1903 rund 100 Pfund Brot, so dass es 1923 insgesamt 24.000 Pfund Brot hätte geben müssen (unverzinst bei einem Brotpreis von 0,05 Mark). Noch einmal – ohne jeden Zins, ohne jeden Vorteil für den Einzahler. Tatsächlich gab es 1923 gerade einmal 3 Pfund Brot für das eingezahlte Geld.

1948 hat der Staat Lebensversicherungen durch die »Währungsreform« schlicht abgewertet. 10:1, so das Umtauschverhältnis. Die Spareinlagen waren durch die

Sparformen während des Krieges ohnehin weniger wert als vorab kalkuliert. Die Lebensversicherer mussten – ähnlich wie heute – die Gelder in »Reichsschuldenpapiere« investieren: Mit entsprechenden Wertverlusten.

Was nach einem Bankrott passiert: Selbst wenn Lebensversicherungen noch höhere Renditen abwerfen, sind Versicherte noch nicht aus dem Schneider. Von den aktuell rund 1,2 Billionen Euro in Lebensversicherungen wird sich der Staat seinen Anteil holen. Das Stichwort lautet Lastenausgleich. Wie hoch auch immer der Anteil sein wird, er geht voll zu Lasten Ihrer ohnehin spärlichen Rendite.

Schon heute scheint der Staat darauf zu spekulieren. Erst kürzlich öffnete er die gesetzliche Tür: Plötzlich dürfen Lebensversicherer anders als vorher mehr als 5 % ihrer Bestände in hoch verzinslichen, das heißt offen gesagt »Ramschanleihen« halten. Der Staat zockt mit Versichertengeldern – das ist die Botschaft.

Aber Vorsicht

Verkaufen Sie bestehende Kapitallebensversicherungen *nicht*. Einen funktionierenden Zweitmarkt gibt es anders als noch vor einigen Monaten nicht mehr.

Die Versicherung zu kündigen und, so vorhanden, den Rückkaufswert einzustreichen, empfiehlt sich nur, wenn der Abschluss erst wenige Monate oder Jahre zurückliegt. Sie machen damit Verluste, denn Abschlussprämien, Provisionen und Verwaltungsgebühren wird der Versicherer teilweise einbehalten. Aber kleine Verluste sind besser als große, noch kommende Verluste. Orientieren Sie sich beim Rückkaufswert nicht an den »Einstandspreisen« (eingezahlten Prämien), sondern an den künftigen Verlusten. Auf keinen Fall sollten Sie aber kündigen, wenn die Auszahlung kurz bevorsteht.

In den meisten Fällen empfiehlt sich folgendes Vorgehen: Stellen Sie Ihre Versicherung beitragsfrei. Dann vermeiden Sie allzu hohe Verluste gegenüber den Einzahlungen und kommende Verluste für Geld, das Sie ohne diesen Schritt weiter einzahlen müssten.

Wichtig: Eine Risikolebensversicherung sollten Sie weiterhin mit Einzahlungen bedienen – der Aufwand ist nur ein Bruchteil dessen, was Sie bei einer Kapitallebensversicherung einzahlen. Den Schutz für Ihre Lieben, falls Ihnen je etwas zustößt, werden Sie hingegen möglicherweise eingeplant haben.

Fondsgebundene Lebensversicherungen

Im Grundmuster ähneln fondsgebundene Lebensversicherungen oder Renten den klassischen Kapitallebensversicherungen. Der »Sparanteil« wird aber in Fonds angelegt. An sich ist das ein guter Gedanke, nur: Sie investieren somit in Fonds, welche die Gesellschaft für Sie aussucht. Zumindest legt die Gesellschaft fest, welche Auswahl Sie haben. Oft bleibt es bei Dachfonds, die dann in andere Fonds investieren.

Regelmäßig sind Rentenfonds dabei, also Fonds, die auf Anleihen setzen. Und schon wieder sitzen Sie in der Geldvermögens-Falle. Geld wird in der Inflation nicht mehr viel wert sein – auch nicht in Rentenfonds.

Ein zweiter Aspekt kommt hinzu: Auf dem Weg zur Auszahlung bedienen sich die verschiedensten Beteiligten an Ihren Einzahlungen. Das Hin- und Her des Dachfonds kostet Geld, die Management-Aktivitäten jedes einzelnen Fonds, eventuell noch Ausgabeaufschläge. Und selbstverständlich erhält auch der Vermittler seine Provisionen, und die Versicherung behält ihre Verwaltungsgebühren ein.

Schließlich lauert auch hier die entscheidende Falle: Sie kommen im Falle des Falles aus fondsgebunden Lebensversicherungen weder schnell noch kostengünstig heraus.

Tipps

> Es gilt auch hier – stellen Sie fondsgebundene Versicherungen möglichst beitragsfrei. Verkaufen Sie nicht, aber zahlen Sie auch nicht mehr ein. Die aufgelaufenen Anteile gehören Ihnen.

> Wollen Sie mit regelmäßigen Einzahlungen Ihre Altersvorsorge verbessern, setzen Sie stattdessen auf einen Fondssparplan. Indexfonds bieten sich hierfür an – unsere Empfehlungen lesen Sie in Kapitel 7. Fondssparpläne können Sie zudem ohne jeden Aufwand jederzeit stoppen. Dies kostet Sie weder Gebühren noch Storno-Beiträge.

Dasselbe gilt für Rentenversicherungen. Zahlen Sie nicht mehr ein.

Bausparverträge

Bausparverträge sind ebenfalls Geld-Sammel-Konten. Das Geld wird am Ende weniger wert sein als es jetzt wert ist. Bei Bausparverträgen kommen spezielle Probleme hinzu:

- Sie erhalten bei Beginn sogar noch »Zinsgarantien«, zu denen Sie später Geld für Ihre Bauvorhaben leihen können. Diesen Vorteil zahlen Sie teuer – als Sparer erhalten Sie geringe Zinsen auf die eingezahlten Beträge. Da das Geld in wenigen Jahren weniger wert ist und in einer Inflation die Zinsen steigen werden, sind Bausparverträge denkbar ungeeignet. Denn: Sie können die günstigen Zinsen nicht für unbegrenzte Kredite einsetzen. Der scheinbare Vorteil gegenüber anderen Finanzierungsformen für Immobilien ist minimal.
- Schließlich gilt auch hier: Sie können die Verträge kündigen – aber dies kostet wiederum erhebliche Rendite auf die bereits angesammelten Gelder. Beachten Sie den Unterschied zum Laufzeitende: Wer vorzeitig kündigt, erhält die Abschlussprovision sowie staatliche Leistungen, die bereits gutgeschrieben wurden, nicht zurück. Nur die eingezahlten Gelder wandern wiederum auf Ihr Konto.

Tipps

➤ Wägen Sie ab. Es kommt auf die Restlaufzeit des Vertrages an. Ist die kurz genug (bis zu einem Jahr), kann es sich lohnen, den Vertrag weiter laufen zu lassen und zu besparen. Die Mehrrendite ist durch die Zusatzzahlungen (Prämien, Provisionen) erheblich. Beachten Sie: Die Kündigung eines Bausparvertrages ist in aller Regel nur mit einer Frist möglich. Diese beträgt typischerweise sechs Monate. Deshalb ist die Restlaufzeit entscheidend.

➤ Schließen Sie keinesfalls neue Bausparverträge ab. Die Zinsen für Immobilienfinanzierungen sind aktuell so günstig, dass Sie diese Form der Vorsorge nicht benötigen. Weiterhin günstige Zinsen für bestehende Kredite können Sie sich beispielsweise mit Forward-Darlehen sichern.

Anleihen wie Unternehmensanleihen, Staatsanleihen, Pfandbriefe

Geld-Schuldscheine dieser Form sind in einem inflations- und bankrottgeschützten Depot Gift. Da der Wert der Rückzahlung ebenso wie der Wert der zwischenzeitlichen Zinsen voll von der Inflation oder einem Währungsschnitt betroffen sein wird, ist das Geld, das man Ihnen bei Fälligkeit zurückzahlt, weniger wert als das Geld, mit dem Sie die Anleihen gekauft haben. Betroffen sind alle Formen von Anleihen:

- Bundesanleihen, Obligationen
- Bundesschatzbriefe
- Zero-Bonds
- Pfandbriefe
- Hochverzinsliche Anleihen
- Staatsanleihen
- Unternehmensanleihen
- (Eingeschränkt): Wandelanleihen
- Zertifikate

Auch Anleihenfonds sollten Sie vermeiden, als da sind:

- Rentenfonds inklusive Renten-ETFs
- Wandelanleihenfonds
- Zertifikatefonds

Ein kurzer historischer Rückblick

Zur Finanzierung des ersten Weltkrieges trieb die Regierung in Deutschland ihr Volk sogar in Anleihen. »Kriegsanleihen« hießen die Wertpapiere, die ebenso wie alle anderen Schuldtitel nach der Hyperinflation wertlos wurden. Nach der Währungsreform 1948 wurden Anleihen erneut quasi wertlos. Eines der Grundübel: Anleihen sind mit einer Laufzeit versehen. Anders als Aktien können sich Anleihen nach einer Krise noch nicht einmal mehr erholen.

Anleihen bieten Ihnen jedoch gegenüber Versicherungsverträgen einen entscheidenden Vorteil: Die meisten sind an der Börse handelbar. Sie können Ihr Vermögen jederzeit liquidieren. Daraus ergeben sich für die aktuelle Situation mehrere Konsequenzen:

- Falls Sie Anleihen halten, ordnen Sie die nach Laufzeit. Die Faustformel: Je länger Anleihen laufen, desto größer die Gefahr eines Wertverlusts durch Inflation. Halten Sie allenfalls so genannte Kurzläufer mit einer Laufzeit von 1 bis 1,5 Jahren im Depot.

- Falls Sie Anleihen im Depot haben, die an der Börse kaum handelbar sind (Pfandbriefe etwa), stellen Sie diese möglichst schnell zum Verkauf. Eine der liquidesten Börsen für viele Anleihen ist die Stuttgarter Börse.

- Ziehen die Zinsen an, stellen Sie möglichst viele Anleihen auf »Verkauf«. Die Kurse von Anleihen, auch von Discount-Zertifikaten oder ähnlichen Zertifikat-Konstruktionen werden während der Laufzeit weiter sinken. Wegen der drohenden Inflation jedoch empfehlen wir Ihnen nicht, bis zum Laufzeitende mit dem Verkauf zu warten.

- Meiden Sie auch Fremdwährungs-Anleihen. Der gut gemeinte Geheimtipp vieler Analysten oder Bankberater ist bei Lichte betrachtet ein unsicheres Investment. Verkaufen Sie eventuell vorhandene Fremdwährungsanleihen möglichst schnell. Bedenken Sie: Beim Thema Geld geht es immer um Vertrauen. Eine Spekulation mit Fremdwährungsanleihen ist zu komplex, um Vertrauen zu erzeugen. Sie spekulieren
  a)   gegen die Inflation
  b)   gegen die Zinsentwicklung und
  c)   zusätzlich noch auf die Wertentwicklung zweier Währungen.

Das ist zuviel.

Alternative

Kaufen Sie beispielsweise Aktien aus einem anderen Währungsgebiet, aus dem Ihre Fremdwährungsanleihe kommt. Aktien, siehe Kapitel 7, sind ein schützender Sachwert zu Zeiten des Staatsbankrotts. Daher reduzieren Sie damit zumindest die Vielfalt der Spekulation.

- Verkaufen Sie ebenso Rentenfonds und tauschen Sie diese – falls Sie Anleihen partout halten wollen – zumindest in so genannte Mischfonds um. Mischfonds haben den Vorteil, bei steigenden Zinsen und einem anziehenden Preisniveau (wenn eine Inflation deutlich vor dem Staatsbankrott sichtbar wird) im Schwerpunkt auf Aktien umschichten zu können.
- Verkaufen Sie auch Renten-ETFs. Sie haben zwar auch hier bei einer Pleite der Fondsgesellschaft Anspruch auf Lieferung der Anleihen. Diese sind jedoch in einer inflationären Entwicklung eines kommenden Staatsbankrotts weniger wert und verfallen zusehends.
- Ist Ihr Depot/Vermögen zertifikatelastig, reduzieren Sie die Zertifikate. Zertifikate sind einfache Schuldverschreibungen mit bedingter Rückzahlung. Im Prinzip also auch nichts anderes als Anleihen: Ein Zahlungsversprechen für die Zukunft.

Beispiel

Ein Indexzertifikat auf den DAX mit einer Laufzeit bis 2015 bedeutet nichts anderes, als dass Sie einer Emissionsbank 100 % Geld geliehen haben und zum Laufzeitende je nach DAX-Stand einen anderen Geldbetrag zurückerhalten. Da Sie um den Wert des Geldes nicht wissen, lohnt auch dieses Investment nicht.

- Ein guter Ersatz für Indexzertifikate sind ETFs. Das sind börsengehandelte Fonds, die einen Index genau nachbilden. Vorteil: Das sind meist Aktien und damit Sachwerte. Mehr dazu in Kapitel 7.
- Garantie- oder Kapitalschutzzertifikate verkaufen Sie am besten sofort. Die Garantien und der Kapitalschutz beziehen sich ausschließlich auf das Laufzeitende. Während der Laufzeit werden diese Papiere Wert verlieren. Sie können heute noch nicht absehen, was das Geld am Ende wert sein wird. Noch schlimmer: Sofern Sie Gewinne erzielen, werden diese auch noch besteuert.

Ein Spezialhinweis

Ein Staatsbankrott muss nicht in einer Inflation oder einem Währungsschnitt und dem wertlosen Verfall von Anleihen enden. Sie können jedoch sicher sein: Der Staat wird alles probieren, um seine Schulden möglichst effektiv zu senken. Je nachdem, was politisch durchsetzbar sein wird, drohen Verluste von 70 bis 100 %. Selbst, wenn das Leben danach weitergeht: Das Anleihevermögen ist größtenteils vernichtet.

Kommt es, wie viele Analysten befürchten, zu einer Deflation mit sinkenden statt steigenden Preisen, erwirtschaften Sie mit Anleihen kleine Renditen. Das Risiko jedoch lohnt sich nicht: Selbst auf die japanische Deflation aus den 90er Jahren wird jetzt eine Inflation entstehen.

Inflationsgeschützte Anleihen

Gegen den Ratschlag in diversen Beiträgen zum Thema Inflation sagen wir: Investieren Sie *nicht* in inflationsgeschützte Anleihen. Falls Sie inflationsgeschützte Anleihen haben sollten, verkaufen Sie diese. Es geht um Vertrauen und Transparenz.

Inflationsgeschützte Anleihen helfen Ihnen aus mehreren Gründen nicht weiter, wenn Sie von den normalen Standardausführungen ausgehen. (Kommen in den nächsten Monaten weitere Anleihen dieser Art auf den Markt, nehmen Sie unseren Maßstab zur Hand. Fragen Sie sich: Wie einfach sind die Papiere? Wie vertrauenswürdig als Vermögensaufbewahrungsmittel?). Der Inflationsschutz liegt in einer Größenordnung von 1 %. Anbieter wie private Banken oder der Staat locken damit, 1 % mehr Zinsen zu zahlen, als die offizielle Inflationsrate hoch ist. Das klingt zunächst gut, wir lehnen es aber trotzdem ab. Die Gründe:

Die veröffentlichte Inflationsrate stimmt nicht mit der echten Inflationsrate überein. Der Warenkorb ist notwendigerweise willkürlich zusammengesetzt, das lässt sich nicht verhindern. Bei der Berechnung kann man auf vielfältige Weise tricksen. Diverse Volkswirte haben dagegen versucht, die wahre Inflationsrate ohne Warenkorb zu berechnen. Legt man das wahre Verhältnis zwischen Geldmenge und Gesamtwert der Waren- und Dienstleistungen zugrunde, erhält man als durchschnittliche Inflationsrate einen Wert von etwa 6,6 %. Dies kommt der »gefühlten« Inflation schon näher.

Rechenbeispiel: Inflationsgeschützte Anleihen sind kein rentables Investment

Bei einer offiziellen Inflationsrate in Höhe von 2,5 % besteht schon ein Unterschied von 4,1 Prozentpunkten. Erhalten Sie nun für inflationsgeschützte Anleihen 1 % mehr als die offizielle Inflation von durchschnittlich 2,5 %, also, 3,5 %, fehlen immer noch 3,1 %, um die wahre Inflation auszugleichen. Kurz: Sie verlieren auch mit dieser Anleihe Jahr für Jahr Geld.

Sie verlieren leider noch mehr Geld, und das liegt an den Steuern, die der Staat erhebt: Auf die Zinsen dieser Anleihe zahlen Sie etwa – je nach Kirchensteuer, aber inklusive der Lastenabgabe »Soli-Zuschlag« – 28 %. Bei einem Zins von 3,5 % also zahlen Sie wiederum knapp 1 % Steuern. Der »Inflationsschutz« von 2,5 % bleibt in diesem Rechenbeispiel noch, der Mehrzins von 1 % ist steuerlich schon weggefressen.

Ausgerechnet aber die Verursacher der Inflation verkaufen hier auch noch die geeigneten Medikamente. Banken und Staaten können Geld schöpfen und sind an der Inflationierung beteiligt. Zusätzlich legt der Staat über seine Behörden die Meßlatte – die offizielle Inflationsrate – fest und befindet über die Höhe der Steuern auf die Erträge. Seriöse Geldanlage kann dies nicht sein. Keiner der Beteiligten hat ein Interesse daran, Ihnen Geld zu schenken.

Daher bleibt es bei den Tipps

Inflationsgeschützte Anleihen sollten Sie nicht kaufen. Vorhandene Bestände sollten Sie verkaufen. Auch, wenn diverse Ratgeber und Empfehlungsmagazine dies anders sehen.

Spareinlagen und Barmittel

Auch für Spareinlagen und Barmittel gilt: Halten Sie möglichst wenig vor, um bei einem Staatsbankrott mit vorhergehender Inflation oder einer Währungsreform beziehungsweise einem Währungsschnitt gewappnet zu sein. Denken Sie an unseren Leitsatz: Dieses Geld wird als Zahlungsmittel kein Vertrauen mehr genießen und ist daher faktisch wertlos.

Bargeld

Um überlebensfähig zu bleiben, brauchen Sie Bargeld. Selbst wenn Staaten anfangen, es aus dem Verkehr zu ziehen, ist es für kurzfristige Aktivitäten immerhin besser als elektronisches Geld, das der Banken- und Staatenkontrolle untersteht.

Achtung

In Griechenland und Italien wird es demnächst verboten sein, größere Handelsgeschäfte mit Bargeld vorzunehmen. Zum 1. Januar 2011 wird Griechenland etwa Bargeldgeschäfte im Umfang von mehr als 1.500 Euro verbieten.

In Schweden gibt es heute bereits eine massive Kampagne gegen Bargeld. Zitat der Polizeipräsidentin von Stockholm, Carin Götblad:

»Bargeld ist das Blut in den Adern der Kriminalität«.

Vorwand für das Bargeldverbot ist hier die Kriminalität – das heißt Raub des Bargelds sowie angeblich Schwarzgeld. Verlassen Sie sich jedoch darauf: Das Vertrauen in Bargeld ist größer als in andere »Währungen« wie etwa Zigaretten.

Unsere Tipps

➤ Wir empfehlen, Bargeld nach dem täglichen Bedarf zu halten. Sie sollten in der Lage sein, mindestens einen Zeitraum von 14 Tagen bis acht Wochen mit Bargeld zu überbrücken. Denn: Sie müssen mit allem rechnen – auch damit, das Banken schließen. Daher empfehlen wir als Idealvorrat den Bedarf von zwei Monaten, dies aber nur, wenn Sie das Geld sicher anlegen können.
Benötigt Ihr Haushalt 2.000 Euro pro Monat, halten Sie beispielsweise 4.000 Euro vor. Am besten gestückelt in Euro und in US-Dollar. Der US-Dollar wird interessanterweise gerade in der Krise als Währung immer noch anerkannt.

> ➤ Wer noch alte DM-Bestände hat, kann zusätzlich auch die für diesen Fall einsetzen. Entscheidend ist nur das Vertrauen derjenigen, die das Geld annehmen sollen. Im früheren Jugoslawien hat sich die DM beispielsweise lange als inoffizielles Zahlungsmittel gehalten. Dass die feste Kopplung der DM an die Eurokurse dieses Vertrauen nicht rechtfertigt, wissen die wenigsten.

> ➤ Diverse Ratgeber empfehlen Schließfächer in Banken – wir nicht. Wichtig bleibt, einfach und mobil zu investieren. Ob Sie im Fall des Falles noch an die Schließfächer kommen, ist nicht garantiert. Halten Sie es möglichst sicher zu Hause oder an Orten, zu denen Sie persönlich jederzeit Zugang haben.

Ihr Zusatzvorteil: Der Staat kennt Ihren Vermögensbestand nicht. Sie sind zu 100 % gegen den staatlichen Zugriff gesichert.

Kurzfristige Spareinlagen

Jenseits der akademischen Definition: Kurzfristig ist für uns alles, was Sie innerhalb von maximal 30 Tagen abheben können. Der Fachbegriff lautet Sichteinlagen. Dazu zählen:

- Tagesgeldkonten
- Girokonten
- Sparbücher (mit maximal 30 Tagen Kündigungsfrist)
- Festgeldkonten mit maximaler Laufzeit von 30 Tagen

Halten Sie so wenig Geld wie möglich in diesen Anlageformen. Der Staatsbankrott kann heißen, dass Bankkonten zunächst gesperrt werden oder ein Währungsschnitt erfolgt, also eine Währungsumstellung nach vorgegebenen Umrechnungskursen, oder dass Sie bei einem so genannten »Bank Run« nicht mehr an Ihr Geld kommen.

Was die Staatsgarantie für Bankeinlagen wert ist

Glauben Sie der Regierung kein Wort, wenn sie beteuert, Bankeinlagen seien sicher, notfalls würde der Staat einspringen. 1,6 Billionen Euro lagern auf Bankkonten. Noch nicht einmal mehrere Jahre Steuereinnahmen des Staates würden reichen, um diese Geldbestände abzusichern. Würden alle Bankkunden auf einmal abheben, könnte die Regierung definitiv nicht zahlen. Einziger Ausweg: Hyperinflation durch massivstes Gelddrucken. Dann jedoch wären auch Ihre Spareinlagen nichts mehr wert.

Auch auf den gesetzlich vorgeschriebenen Einlagensicherungsfonds für Banken können Sie sich nicht verlassen – selbst wenn die Banken zusätzlich noch freiwillige Einlagensicherungsfonds betreiben. Dazu drei Zitate aus den »Monatsberichten der Deutschen Bundesbank«, Juli 1992:

>»Wenn ein Bankenzusammenbruch einen Fonds überfordert oder gar das Bankensystem als solches in seinem Bestand gefährdet, ist es Sache der Regierung bzw. des Gesetzgebers zu entscheiden, wie mit dem wirtschafts- und finanzpolitischen Instrumentarium einem ›too big to fail‹ Problem begegnet wird. Ihr Handeln sollte nicht vorher kalkulierbar sein.«

Diese Vorgabe »rechtfertigt« die diversen staatlichen Rettungsprogramme für die HypoRealEstate oder die Commerzbank. Genauso aufschlussreich das zweite Zitat:

>»Die Sicherungseinrichtungen greifen nicht im Falle einer allgemeinen Krise der Kreditwirtschaft.«

Wann die ausgerufen wird, wer sich dazu ermächtigt – das alles steht in den Sternen. Zudem schränkt die Deutsche Bundesbank kräftig ein:

>»Weder die geschützten Gläubiger noch die betroffenen Kreditinstitute haben einen Rechtsanspruch auf ein Eingreifen oder auf Leistungen der Sicherungseinrichtungen.«

Damit ist faktisch alles gesagt, was im Fall eines Staatsbankrotts passieren kann. Fazit: Auch die europäischen Sicherheitsgarantien – ein Einlagensicherungsfonds über 100.000 Euro pro Konto – krankt am selben Fehler und Problem. Daher hilft es nicht, Geld bei ausländischen Banken in Deutschland anzulegen. Der Staat kann per Verordnung Banken anweisen, die Konten zu sperren.

> ### Tipps
>
> ➤ Halten Sie so wenig Sicht- und Spareinlagen wie möglich. Schichten Sie im Zweifel besser in Bargeld um und horten das Geld an sicheren Orten. Lösen Sie Ihre Konten nach und nach auf, um staatliche Nachforschungen zu vermeiden. Wer fünfstellige Beträge abhebt, macht sich der kriminellen Tätigkeit und der Steuerhinterziehung verdächtig.
>
> ➤ Auch nach einem Staatsbankrott gilt der Grundsatz, möglichst wenig Geld in Spareinlagen zu investieren. Denn dann drohen Abgaben, welche die Folgen einer möglichen Währungsreform mildern sollen. Der berühmte »Lastenausgleich«, der vor allem Immobilienbesitzer nach 1948 getroffen hat. Einen einfachen Lastenausgleich, den die meisten Autoren nicht erwähnen, hat die Regierung Merkel jetzt bereits wieder im Blick: Den »Solidaritätszuschlag«. Aktuell beträgt er 5,5 % der gezahlten Steuern auf Einkommen und Erträge. 1991 eingeführt, soll er dem Sinn nach den Aufbau der neuen Bundesländern infolge der Wiedervereinigung finanzieren. Er ist allerdings weder rechtlich zweckgebunden noch politisch wieder einzufangen.

Auch dies ist ein Vorteil von Bargeld: Irgendwelche »Solidaritätszuschläge«, die sich genauso wie auf Erträge auch auf den Bestand an Geldmitteln erstrecken können, werden Sie nicht zahlen müssen. Die Besteuerungsgrundlage – ein automatischer Bankbescheid – fehlt.

Ohne Girokonto können Sie heute kaum noch am normalen Geschäftsleben teilnehmen. Teils zwingt Sie bereits der Staat dazu, ein Girokonto zu halten, viele Finanzämter etwa, die eine Einzugsermächtigung durchsetzen wollen.

Sollten Sie ohne großen Schaden nicht aus Girokonten und den Einzugsermächtigungen herauskommen, halten Sie dort nur exakt soviel, dass Sie den Verbindlichkeiten nachkommen können. Stellen Sie, wo immer möglich keine Einzugsermächtigungen für Ihr Girokonto mehr aus. Zwar können Sie jederzeit die Ermächtigung zurückrufen, aber:

Je höher der Bestand auf den Girokonten ist, desto besser der Einblick eines geldsuchenden, bankrotten Staats in Ihre Vermögensverhältnisse.

Langfristige Spareinlagen

Alles, was über einen Monat Kündigungsfrist hinausgeht, ist vor einem Staatsbankrott in keiner Weise geschützt. Wir unterstellen unter anderem eine vorlaufende Inflation: Geldentwertung in großem Stil, während Sie als Inhaber langfristiger Spareinlagen nicht an das Geld kommen.

Dazu gibt es nur eine Lösung: Investieren Sie Geld auf keinen Fall zusätzlich zu Ihren bisherigen Aktivitäten in Spareinlagen. Kündigen Sie bestehende langfristige Spareinlagen. Dies sind:

- Termingelder mit einer Laufzeit von mehr als 30 Tagen sowie
- Spar- und Festgeldverträge, die Sie länger als einen Monat binden.

> **Tipp**
>
> Sollte Ihre langfristige Sparform nicht ohne Kosten kündbar sein, verhandeln Sie mit Ihrer Bank. Bieten Sie an, in eine kurzfristige Sparform umzuschichten. Dies gilt auch für Sparpläne auf kurzfristigere Geldkonten. Akzeptieren Sie sogar kleine Strafzahlungen – das ist besser, als das Geld »einbetoniert« zu lassen.

So haben Sie jederzeit Zugriff auf Ihr Vermögen und vermeiden zusätzlich den Geldfraß. Selbst bei einer Inflationsrate von nur 5 % verlieren Sie in den ersten fünf Jahren bereits 22,6 % Ihres Vermögens.

Schulden machen in der Hoffnung auf Entwertung? – Lieber nicht!

Kommt es zu einer Inflation, werden Gläubiger von Schuldner weniger »Wert« erhalten als sie dachten. Schuldner sind umgekehrt die Gewinner. Trotzdem: Wir raten davon ab, sich auf die Seite der Schuldner zu stellen. Aus mehreren Gründen gehen Sie als Schuldner weit höhere Risiken ein, als es zunächst den Anschein hat. Noch kann niemand vorhersagen,

- wann eine große Inflationswelle kommt,
- ob nicht zunächst eine Deflation eintritt und
- ob der Staat seinen Staatsbankrott womöglich ganz anders organisiert (etwa mit einem Währungsschnitt).

Ein Beispielszenario: Bei einem Währungsschnitt könnte der Staat willkürlich festlegen, dass Schulden bis zu einer bestimmten Höhe anders umgestellt werden als der Rest des Geldes. Denkbar wäre, dass der Staat Guthabenkonten im Verhältnis 1:10 umstellt aber festlegt, dass Kredite (außer natürlich seinen eigenen) bei einer Bank im Verhältnis 1:1 auf die neue Währung lauten. Das Ganze wird verpackt in ein »Kundenschutz-Gesetz«, in dem auch bestimmte Guthaben 1:1 getauscht werden. Zudem kann der Staat Sondersteuern auf Schulden-Gewinner erheben. Analog zum Lastenausgleich müssten Sie zahlen. Der zugrundeliegende Grundsatz der Steuerpolitik gibt dies her: Jeder zahlt nach seiner »Leistungsfähigkeit«, hat schon Aristoteles festgelegt. Die Leistungsfähigkeit wiederum definiert der Staat.

Tipp

Verschulden Sie sich allenfalls in normalen Ausmaßen, beispielsweise beim Kauf von Immobilien. Alles andere ist Zockerei. Hier aber geht es um einfache, klare, vertrauenswürdige Maßnahmen, um dauerhaft nach einem Staatsbankrott auf der Gewinnerseite zu stehen.

Auch von manchen Sachwerten raten wir Ihnen ab

Unser Ratschlag lautet, in Sachwerte zu investieren statt in Geldvermögen. Das heißt aber nicht, dass alle Sachwerte gleichermaßen für
einen Schutz vor Inflation und Staatsbankrott geeignet wären. Von
bestimmten Sachwerten sollten Sie Abstand nehmen.

Kunst: Nur für Kenner

Auch in diesem Punkt stellen wir uns gegen den fachlichen Rat
der meisten Volkswirte und Autoren: Kaufen Sie keine »exotischen«
Sachwerte wie Kunst.

Richtig ist: Die Chancen, mit Kunst zu gewinnen, sind vergleichsweise hoch. Dies zeigt die Logik. Weil das Vermögen auch nach einem
Staatsbankrott angelegt wird – nur dann nicht so schnell in »neues
Geld«, sondern in Sachvermögen. In der Geschichte gibt es zahlreiche Beispiele dafür, dass Kunst in Staatskrisen an Wert gewonnen hat.

Auf der anderen Seite müssten Sie schon Kunstexperte sein, um gut
von schlecht zu unterscheiden. Selbst Expertisen von Fachleuten
helfen nicht weiter. Kunstgegenstände haben die Eigenheit, Einzel-
objekte zu sein. Damit entziehen sie sich aber jeder Vergleichbarkeit.

Ein zusätzlicher praktischer Hinweis: Kunst können Sie oftmals
schlecht lagern, transportieren oder gar »verheimlichen«. Kunst wird
daher oft zum Objekt der Begierde für einen Staat, der seine Altschulden bedienen muss

---

Tipp

Kaufen Sie Kunst auf keinen Fall als Investment, sollten Sie nicht zufällig Kunstexperte sein. Weder in Form von Skulpturen, Bildern noch in der Form »kost-
barer« Bücher, Musiksammlungen oder ähnlichem. Es spricht allerdings nichts
dagegen, Kunstwerke zu kaufen, die Ihnen wirklich gefallen und die Sie sich
gern an die Wand hängen oder im Foyer aufstellen möchten. Gewinnen diese
Werke später an Wert – umso besser für Sie!

Sachwert Diamanten und andere Edelsteine: Nicht kaufen!

Eine gute Idee wären eigentlich Diamanten und andere hochwertige Edelsteine wie Rubine, Saphire oder Smaragde. Als Sachvermögen gehen sie in die Schmuckindustrie oder werden ihrer Härte wegen sogar in der Warenwelt genutzt. Zudem sind Diamanten weltweit anerkannt und beliebt und daher in bestimmten Fällen sogar ein wertvolles Zahlungsmittel.

Aber: Wer sich nicht auskennt, steht schnell auf der Verliererseite. Diamanten zu beurteilen – nach den vier Cs Colour (Farbe), Clarity (Reinheit), Carats (Gewicht in Karat) und Cut (Schliff), bleibt Sache der Experten. Zudem sind Diamanten keineswegs gefeit vor starken Preisschwankungen, wie die Geschichte zeigt. Die Preisschwankungen könnten Sie zwar einfach aussitzen. Jedoch – und dies ist der große Nachteil – blieben Sie womöglich sogar länger auf Ihren Diamanten sitzen als gedacht. Denn es ist ausgesprochen schwierig, Diamanten wieder zu verkaufen.

Sind Sie nicht gerade in Netzwerke eingebunden, die den Diamantenhandel betreiben, müssten Sie Juweliere aufsuchen. Ganz praktischer Hinweis: Juweliere, im Nebenberuf Verkäufer, erkennen nahezu auf den ersten Blick, ob Sie sich auskennen oder auf sie angewiesen sind. Entsprechend schlecht ist Ihre Verhandlungsposition.

Fazit
Diamanten und sonstige Edelsteine sind für Laien nicht geeignet, besonders in Krisenzeiten nicht.

Geschlossene Fonds: Finger weg!

»Betongold« (Immobilien) sind ein probates Mittel gegen die Inflation.« Das sagen auch viele Vermögensberater mit dem Ziel, Ihnen die Beteiligung an einem geschlossenen Fonds aufzuschwatzen.

Die Anlageklasse (Immobilien) stimmt, die Anlageart (geschlossene Fonds) aber nicht: Aus einem Investment in geschlossene Fonds kommen Sie kaum mehr heraus.

Rechtlich sind Sie als Miteigentümer an den Fonds und an dessen Laufzeiten gebunden. Als Investor steht Ihnen allenfalls der Zweitmarkt zur Verfügung. Dieser ist für geschlossene Immobilienfonds jedoch aktuell stark zusammengebrochen. Sie werden Ihre Anteile faktisch nicht los.

Für einen Staatsbankrott und vorhergehender Inflation oder einen Währungsschnitt sind geschlossene Immobilienfonds daher denkbar ungeeignet. Zwar sind Sie im Falle eines Währungsschnitts immer noch Miteigentümer an der Immobilie – tragen jedoch das volle unternehmerische Risiko in einer neuen Finanzwelt, ohne selbst unternehmerisch tätig werden zu können.

Zudem kann der Staat Steuern oder einen zusätzlichen Lastenausgleich erheben und direkt abkassieren, ohne dass Sie irgendeinen Einfluss darauf hätten. Bei selbstgenutzten Immobilien oder vermieteten Objekten können Sie selbst je nach steuerlichen Rahmenbedingungen über Investitionen die Steuerlast noch regulieren – bei geschlossenen Fonds nicht, denn hier trifft jemand anderes die Entscheidungen über die Immobilie(n).

Diese Bedenken gelten übrigens nicht nur für geschlossene Immobilenfonds, sondern auch für alle anderen Formen von geschlossenen Fonds.

- Schiffsfonds sind abhängig von der konjunkturellen Entwicklung – bei einer Serie von Staatsbankrotten läuft dies auf Kapitalvernichtung heraus.
- Windkraft-, Solar-, oder andere Energiefonds sind immer abhängig vom staatlichen Wohlwollen, konkret, den steuerlichen Rahmenbedingungen. Hier gilt ebenfalls: Vertrauen Sie dem Staat nicht. Er kann die steuerlichen Rahmenbedingungen jederzeit neu festlegen.

Tipp

Kaufen Sie auf keinen Fall geschlossene Fonds, gleich welcher Art. Vielfach als »Inflationsschutz« gepriesen, sind sie in Wirklichkeit eine Falle, aus der Sie im Zweifel nicht mehr herauskommen.

Falls Sie bereits Anteile an geschlossenen Fonds besitzen, versuchen Sie zunächst, die Anteile gegen Auszahlung beim Emittenten zurückzugeben – der Versuch kostet nichts. Falls das nicht möglich ist, verkaufen Sie Ihre Anteile möglichst über den Zweitmarkt. Eine gemeinsame Plattform der Börsen Hamburg, Hannover und München (www.zweitmarkt.de) bietet sich hier an. Abschläge auf den eigentlichen Wert des Fonds müssen Sie allerdings in Kauf nehmen. Sie sind allemal besser als die voraussichtlichen Verluste der Zukunft.

7. Das eigene Vermögen vorm Staatsbankrott retten: Nichts geht über Sachwerte

Ob Hyperinflation, oder doch »nur« Inflationsraten von 5 bis 10 %, solche Entwicklungen erfordern Konsequenzen. Geldvermögen sind wieder in Gefahr. Ihren persönlichen Anlageschwerpunkt sollten Sie daher relativ zeitnah in Richtung Sachwerte (Immobilien, Aktien etc.) verschieben.

Um es klar zu sagen: Es gibt keine einzige Anlageklasse, mit der Sie die kommende Schulden- und Inflationskrise zu 100 % sicher überstehen. Bei Gold droht ein staatliches Verbot (das gab es bereits mehrfach), bei Immobilien droht eine Art Strafsteuer (auch das gab es bereits in der Vergangenheit), bei Rohstoffen können gesetzliche Höchstpreise festgesetzt werden (natürlich gab es auch diese Maßnahme schon) und bei Aktien drohen in Krisen-Zeiten extreme Kursschwankungen.

Rechnen Sie in Krisen mit staatlicher Willkür. Es bringt daher nichts, alles auf eine Karte zu setzen. Wenn einige Crash-Propheten einen Goldanteil von 100 % empfehlen, ist das gleich doppelt gefährlich: Eskaliert die Krise, droht ein Goldverbot; entspannt sich die Lage, bricht der Kurs ein, weil Investoren in Anlageklassen mit höheren Renditeaussichten und regelmäßigen Ausschüttungen (Zinsen oder Dividenden) umschichten.

Daher kann die Empfehlung nur lauten: Investieren Sie relativ gleichmäßig in alle Sachwerte!

Mit Aktien retten Sie Ihr Vermögen in den nächsten Aufschwung

Aktien gehören auf jeden Fall in das »Krisen-Rettungspaket«. Es hört sich mutig an, Aktien zu empfehlen, wenn einige Seiten vorher von einer Schuldenkrise und Staatspleiten die Rede ist. Aber Sie müssen sich einfach vorstellen, dass Aktien keine Namen und Zahlen im Kursteil der Zeitungen sind, sondern, dass Sie mit einer BASF-Aktie Miteigentümer des weltweit größten Chemieunternehmens sind. Als Miteigentümer kann es Ihnen relativ egal sein, ob der Aktienkurs in DM, Euro oder Taler angegeben wird.

Werfen wir einen Blick auf den bekanntesten Aktien-Index der Welt. Der Dow-Jones-Index wurde im Mai 1896 zum ersten Mal veröffentlicht. Ein Index-Mitglied: General Electric. Die Aktie notiert bis heute ohne Unterbrechung im Dow Jones und hat dabei u. a. zwei Weltkriege und die Weltwirtschaftskrise überstanden.

In Deutschland mussten die Aktien sogar noch mehr Turbulenzen überstehen. Denken Sie nur an die beiden Staatspleiten 1923 und 1948. BASF, Siemens und Deutsche Bank haben jedoch alle Krisen gemeistert.

Das bedeutet jedoch nicht, dass ein Aktien-Investment nicht an den Nerven zehren kann. Die Kursschwankungen sind enorm. Der deutsche Leitindex DAX hat in den vergangenen zehn Jahren eine einzige Achterbahnfahrt erlebt. Zwischen 2.000 und 8.000 Punkten wurden alle Index-Stände mehrfach erreicht.

Der entscheidende Punkt bei Aktien ist der Faktor Zeit: Aktien-Investments sind dann ein Krisenschutz, wenn Sie genug Zeit haben, um Krisenschwankungen »auszusitzen«. Wer in der Krise verkaufen muss, wird hohe Verluste erleiden. Wer dagegen einige Jahre warten kann, erlebt auch den nächsten Aufschwung und kann so – unabhängig von der Währung – sein Vermögen in die neue Zeit retten.

Aktien und Aktienfonds bieten einen guten Inflationsschutz

Bei der Untersuchung der Frage, ob Aktien einen guten Inflations-schutz bieten, müssen wir zwei Szenarien unterscheiden: Erstens die langfristige Entwicklung und zweitens die Entwicklung in der Krise.

Für die langfristige Entwicklung greifen wir wieder auf den Dow-Jones-Index zurück, weil es hier die längsten Zeitreihen gibt. Von der Gründung 1896 bis zum Jahr 2009 erreichte der Index pro Jahr eine Durchschnittsrendite von gut 5 %. Da der Dow-Jones-Index ein reiner Kurs-Index ist (Dividenden werden hierbei nicht berücksichtigt), müssen die jährlichen Ausschüttungen der Dow Jones-Mitglieder noch hinzugerechnet werden. Kursgewinne zu-züglich Dividenden ergeben eine Gesamt-Performance von gut 8 %. Wer also ab 1896 mit einem Teil seines Vermögens den Dow-Jones-Index abgebildet hat, lag auch nach Abzug der Inflation im Plus.

Ein kleiner Abstecher

Wer im gleichen Zeitraum sein Geld in deutsche Staatsanleihen investiert hat, musste gleich mehrfach praktisch einen Totalverlust hinnehmen. Spätestens nach der zweiten Staatspleite wäre das letzte Geld verbrannt gewesen.

Das Beispiel Dow Jones zeigt also, dass Aktien langfristig einen hin-reichenden Inflationsschutz bieten. Aber wie sieht es direkt in einer Inflationskrise aus? Die Beurteilung fällt etwas schwerer. Blicken wir zunächst auf die Kursentwicklung in Deutschland während der Hy-perinflation:

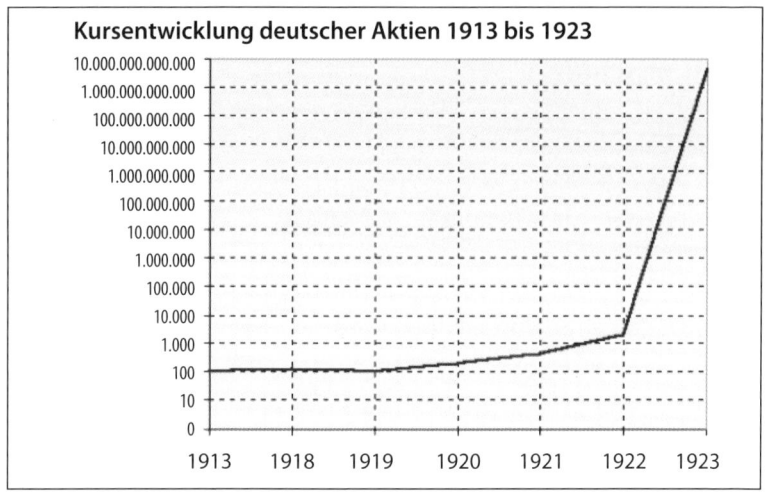

Quelle: Deutsches Historisches Museum

In Zahlen ausgedrückt:

Jahr	Stand Aktienindex
1913	100
1918	125
1919	105
1920	205
1921	432
1922	2.059
1923	4.200.000.000.000

Quelle: Deutsches Historisches Museum

Wie Sie leicht erkennen können, hat sich die Hyperinflation auch bei den Aktienkursen bemerkbar gemacht. Der Übergang 1919/1920 markiert den Beginn der Inflation, die Kursexplosion 1923 ist Hyperinflation in Reinkultur.

Die gute Nachricht: Während Geldvermögen wertlos verfielen, machten die Aktienkurse den Preissprung mit. Die schlechte Nachricht: Selbst der gigantische Kurssprung 1923 reichte nicht, um die

Kaufkraft zu erhalten. Wer im Krisenjahr 1923 seine Aktien verkaufen musste, bekam für den Verkaufserlös weniger Waren und Dienstleistungen als im Jahr 1920. Aktien bieten also in einer Hyperinflation nur einen Teilschutz.

Allerdings gilt hier die bereits früher genannte Relativierung: Die Verluste waren am höchsten, wenn ein Anleger genau im Krisenjahr verkaufen musste. Wer seine Aktien noch einige Jahre im Depot halten und auf den nächsten Aufschwung warten konnte, schnitt deutlich besser ab. Die Wartezeit wurde auch noch mit Dividenden verkürzt.

Stichwort Dividenden

Einige Crash-Propheten, die Aktien strikt ablehnen, zeigen langfristige Aktien-Charts, die angeblich beweisen, wie schlecht die Aktien-Performance über lange Zeiträume ist. Der Trick ist dabei, dass fast immer nur Kurs-Indizes abgebildet werden. Die reine Kursentwicklung ist aber – wie bereits gezeigt – nur ein Teil der Aktien-Performance. Je nach Index und Zeitdauer machen Dividenden 40 bis 60 % der Gesamt-Performance aus. Wer ehrlich rechnet, kommt zu dem Ergebnis, dass Aktien inklusive der Dividenden in den meisten Fällen innerhalb weniger Jahre wieder das Vor-Crash-Niveau erreichen. Selbst der hier im Buch mehrfach als »Crash-Experte« zitierte Kenneth Rogoff setzt daher auf Aktien. Sein Argument: Die historischen Daten zeigen, dass Aktienkurse im Durchschnitt drei Jahre nach der Krise wieder das alte Niveau erreichen. Mit dieser Wertentwicklung schlagen Aktien die meisten anderen Anlage-Klassen.

Aktien sind sicherer als Anleihen

Börsenanleger agieren nicht rational. Wer noch einen Beweis für diese These gesucht hat, wurde in den vergangenen Monaten fündig. Aus Angst vor Staatspleiten flüchten die Anleger in Staatsanleihen. Griechische oder auch spanische Anleihen werden gemieden, amerikanische und deutsche Staatsanleihen werden dagegen gesucht, als ob es ab morgen keine mehr geben würde. Die Renditen dieser Anleihen fallen auf Tiefstwerte. Die Kurse der Anleihen steigen immer weiter. In einer rationalen Welt ein Hinweis auf ein knappes Angebot. Die Realität sieht so aus: Die USA werden 2010 voraussichtlich neue Staatsanleihen für 2.500 Mrd. US-Dollar am Markt platzieren und den Markt mit diesen »Wertpapieren« überfluten. Über die Schuldenkrise in den USA haben wir bereits in Kapitel 3 geschrieben.

Nicht besser sieht es in Deutschland aus. Einige Marktteilnehmer, die Spitzenpreise für deutsche Staatsanleihen zahlen, vergessen offensichtlich, dass die deutsche Regierung freiwillig unterschrieben hat, für andere EU-Staaten zu haften. Wenn griechische oder spanische Staatsanleihen platzen, blutet auch Deutschland. Daher ist es rational betrachtet völlig sinnlos, griechische Staatsanleihen zu verkaufen und deutsche Staatsanleihen zu kaufen.

Die Überlegung der Anleger: »Wenn es in einem großen EU-Land kracht, dann verkaufe ich schnell die deutschen Staatsanleihen, bevor die Haftung greift.« Da die große Masse der Investoren so denkt, kann diese Strategie nicht funktionieren. Auch bei einem Anleihen-Verkauf gilt: Der Verkäufer muss an der Börse einen Deppen finden, der mitten in der Krise eine Staatsanleihe auf Rekordniveau kauft. Die Ausgangstür wird im Krisenfall sehr, sehr klein werden. Es wird Käufer auf der anderen Seite geben, aber die bieten dann einen Kurs, der 30 % niedriger liegt. Wer das nicht für möglich hält, sollte sich die Charts der griechischen Staatsanleihen anschauen.

Die treuen Fans von Staatsanleihen werden sagen, dass ein solcher Kurssturz ein einmaliges Ereignis ist. Das stimmt nicht. Staatspleiten gibt es seit der Gründung von Staaten, wie im Kapitel 4 gezeigt. Deutsche Anleger haben in diesem Jahrzehnt Milliarden-Summen mit Argentinien-Anleihen verloren. Ohne Rettungsschirm wäre Griechenland der nächste offizielle Pleite-Fall gewesen.

Trotz dieser klaren Ausgangslage fließt das Kapital an den Börsen (fast) nur in eine Richtung; selbst bei den kapitalmarkterfahrenen Amerikanern. Binnen eines Jahres flossen rund 400 Mrd. US-Dollar in US-Rentenfonds. 40-Mal (!) mehr als im gleichen Zeitraum in den Aktienmarkt.

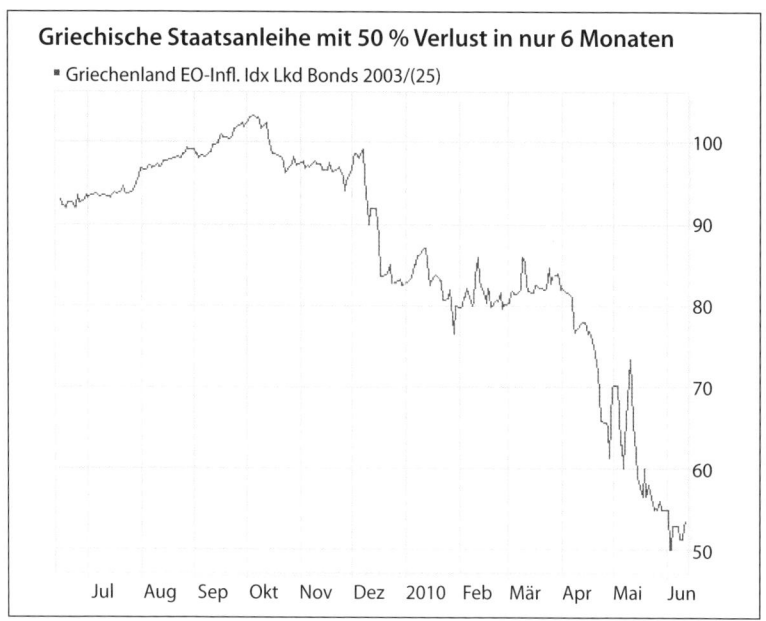

Griechische Staatsanleihe mit 50 % Verlust in nur 6 Monaten
▪ Griechenland EO-Infl. Idx Lkd Bonds 2003/(25)

Diese einseitige Investitionsstrategie hinterlässt in den großen Depots und Portfolios Spuren. Ende 2009 lag die Aktienquote der deutschen Lebensversicherungen bei nur 3,5 %. Renten-Anlagen (Anleihen) kommen dagegen auf ein Gewicht von über 85 %. Zum Vergleich: Zehn Jahre zuvor lag die Aktienquote noch bei über 25 %. Fazit: Die großen Investoren sind in Anleihen deutlich übergewichtet und in Aktien deutlich untergewichtet. Ein Hinweis darauf, wo die nächste spekulative Blase zu finden ist.

Diese ungleiche Gewichtung kann auch nicht mit der Sicherheit begründet werden. Das Beispiel Griechenland zeigt, dass auch die Kurse von Staatsanleihen in kurzer Zeit einbrechen können. Diese Schwankungen werden sogar noch zunehmen, da immer mehr Staatsanleihen das »Qualitätssiegel«, das AAA-Rating, verlieren werden. Die Prognose: In spätestens zehn Jahren gibt es mehr börsennotierte Unternehmen mit einem AAA-Rating als Staaten. Auch das spricht für Aktien.

Das Anti-Krisen-Aktien-Depot: Einfach, klein und günstig

Wenn die Schuldenkrise eskaliert, müssen Sie schnell handlungsfähig sein. Dazu gehört auch, dass Sie alle Depot-Werte im Blick haben. Daher bietet sich ein kleines, pflegeleichtes (wenig Umschichtungen) und übersichtliches Depot an, das dennoch eine maximale Risikostreuung bietet. Das lässt sich am besten mit einem Depot verwirklichen, das auf börsengehandelte Index-Fonds, so genannte ETFs (Exchange Traded Funds) setzt. Hier ein Mustervorschlag für ein solches ETF-Depot:

Überblick Musterdepot			
Fondsname	**WKN/ISIN**	**Schwerpunkt**	**Depot-Gewicht**
Dow Jones Global Titans 50	628938 DE0006289382	50 internationale Aktienschwergewichte	25 %
Stoxx Global Select Dividend 100	DBX1DG LU0292096186	100 Aktien aus Europa, Amerika und Asien mit hohen Dividenden-Renditen	25 %
MSCI Emerging Markets	DBX1EM LU0292107645	Aktien mit hoher Marktkapitalisierung aus den Wachstumsmärkten	20 %
MSCI Emerging Markets Small-Cap	A0YBR0 DE000A0YBR04	Aktien-Nebenwerte aus den Wachstumsmärkten	10 %
DJ Stoxx 600 Food & Beverage	LYX0AR FR0010344861	Aktien aus den Branchen Nahrung und Getränke	10 %
NYSE Gold Bugs (Index HUI)	ETF091 LU0488317701	Aktien aus der Goldminen-Branche	10 %

Die Basis des Depots bilden internationale Aktien-Schwergewichte (50 %), Aktien aus den Wachstumsmärkten (30 %) und Aktien aus den Inflations-Gewinner-Branchen Nahrung & Getränke und Goldminen (jeweils 10 %). Einige Details zu den Index-Fonds:

1) Dow Jones Global Titans 50

Top-Positionen (Stand Mai 2010): Exxon Mobil, Apple, Microsoft, Procter & Gamble, General Electric, Nestle, IBM, HSBC, Johnson & Johnson, Bank of America

Begründung für den Kauf: Der Index-Fonds setzt auf 50 internationale Großkonzerne, die weltweit aktiv sind. Einzelne Länder- und Währungskrisen können so ausgeglichen werden.

2) Stoxx Global Select Dividend 100

Top-Positionen: MAN Group PLC, Annaly Capital Management, Provident Financial, RSA Insurance, Enel, Gatlin Group, Thai Beverage Public Company, United Utilities, GPT Group, Centurytel

Begründung für den Kauf: Angesichts der Mini-Renditen am Anleihenmarkt werden zukünftig mehr Investoren Richtung Dividenden-Werte umschichten. Die Dividenden stützen den Aktienkurs und gleichen mögliche Kursverluste schneller aus.

3) MSCI Emerging Markets

Top-Positionen: Samsung, China Mobile, Gazprom, Petrobras, Vale, Taiwan Semicon, America Movil, Industrial and Commercial Bank of China, Itau Unibanco

Begründung für den Kauf: Aktien aus Schwellenländern bieten aus zwei Gründen gute Gewinnaussichten: Das Wachstum ist höher und die Schuldensituation der Schwellenländer-Staaten ist deutlich komfortabler wie folgende Abbildung zeigt:

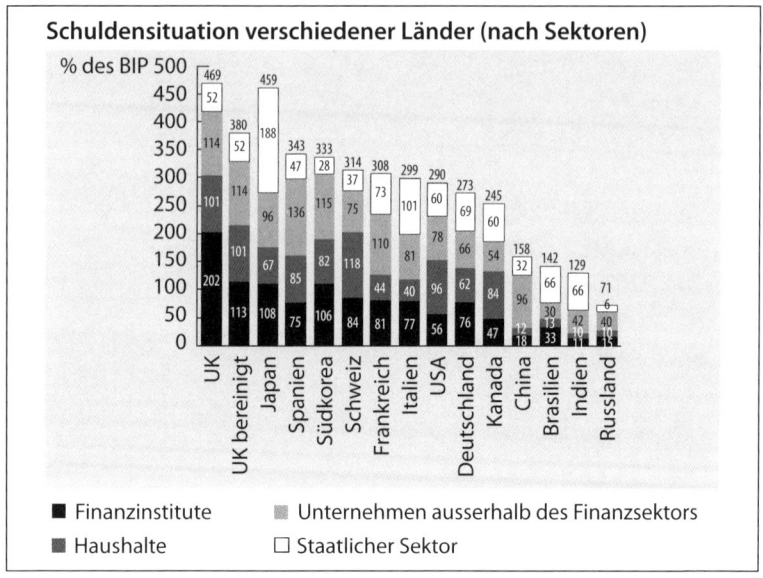

Quelle: Mc Kinsey Global Istitute

Gemessen am BIP ist die Verschuldung der BRIC-Staaten Brasilien, Russland, Indien und China weit weniger dramatisch und lässt noch Luft zum Atmen.

4) MSCI Emerging Markets SmallCap

Top-Positionen: Mahanagar Telephone, Patni Computer Systems, Diagnosticos da America, China Merchants China Direct, Summarecon Agung, Shenzhou International Group, Kalbe Farma, Helbor Empreendimentos, MISR Beni Suef Cement, Cheil Worldwide

Begründung für den Kauf: Die Wachstumsaussichten sind in den Schwellenländern besser. Aufgrund der niedrigen Ausgangsbasis können Nebenwerte noch schneller wachsen.

5) DJ Stoxx 600 Food & Beverage

Top-Positionen: Nestle, Unilever, Diageo, Danone, Anheuser-Busch, SabMiller, Pernod-Ricard, Heineken, Carlsberg.

Begründung für den Kauf: Aktien aus der Branche Nahrung & Getränke halten sich in Krisenzeiten überdurchschnittlich gut. Die Unternehmen können auch in Inflationsphasen ihre Preise durchsetzen. Wie robust diese Aktien sind, zeigt ein Vergleich mit dem europäischen Aktienindex EuroStoxx 50:

Vergleich DJ Stoxx 600 Food & Beverages mit dem EuroStoxx 50
- LYXOR ETF STOXX 600 FOOD & BEVERAGES
- STXE 50 Index (Price) (EUR)

Der ETF (obere Linie) hat den Crash bereits überstanden und notiert wieder auf dem Niveau von 2007, während der EuroStoxx 50 (untere Linie) noch rund 40 % im Minus notiert.

6) NYSE Gold Bugs

Top-Positionen: Goldcorp, Barrick Gold, Newmont Mining, IAM-GOLD, Eldorado Gold, Lihir Gold, Randgold Resources, Agnico-Eagle Mines, Coeur d'Alene Mines, Gold Fields

Begründung für den Kauf: Gemessen an den fundamentalen Bewertungskriterien sind Goldminen-Aktien nicht mehr günstig. Kommt es jedoch zu Staats- und Währungskrisen, wird das verfügbare physische Gold weltweit innerhalb kürzester Zeit vom Markt verschwunden sein. In der zweiten Welle flüchten die Investoren in die Unternehmen, die Gold-Reserven besitzen und decken sich so indirekt mit Gold ein. Die Kurse von Goldminen-Aktien werden rasant steigen.

Fazit

Die Einschätzung, die für Goldminen-Aktien gilt, trifft in leicht abgeschwächter Form für alle Aktien-Positionen im Depot zu. Die Eskalation der Papiergeldkrise wird die Anleger in Aktien treiben, weil diese besonders leicht handelbar sind. Innerhalb kurzer Zeit werden alle großen Aktien-Indizes neue Rekordwerte erreichen.

Rohstoffe: Wachstum und Preisanstieg garantiert – aber schwierige Investment-Auswahl

Der Sachwert »Rohstoff« gilt als klassischer Inflationsgewinner. Die Logik spricht für diese These. Rohstoffe werden gebraucht und verbraucht, daher gibt es immer eine Nachfrage, was den Anbietern eine gewisse Preismacht garantieren sollte. Der Blick in den Rückspiegel zeigt aber, dass ausgerechnet das Edelmetall Gold, das nicht »verbraucht« wird, den besseren Inflationsschutz bietet. Als Faustformel gilt: Für eine Unze Gold bekommt man unabhängig von Zeit und Währung einen guten Herrenanzug (das galt schon zur Römerzeit. Da war es eine Toga).

Während Gold den Status als Inflationsgewinner auf jeden Fall in der langfristigen Betrachtung verdient hat, sieht die Bilanz bei Rohstoffen – zumindest in den vergangenen 50 Jahren – nicht so eindeutig aus. Der älteste breit aufgestellte Rohstoff-Index, der auch heute noch berechnet wird und daher aussagekräftige Daten liefert, ist der CRB (CRB = Commodity Research Bureau). Er liegt seit der Erstveröffentlichung im Jahr 1957 inflationsbereinigt im Minus. Speziell bis zur Jahrtausendwende war die Preisentwicklung – aus der Perspektive Inflationsschutz – enttäuschend.

Das erste Wendesignal markierte der Goldpreis. Der Tiefpunkt lag im Jahr 1999 bei rund 250 US-Dollar je Feinunze (1 Feinunze = 31,1035g). Im Jahr 2010 liegt das neue Rekordhoch fast exakt 1.000 US-Dollar höher. In den Folgejahren ab 2003 schafften auch andere Rohstoffpreise einen Sprung nach oben. In den Jahren 2007/2008 nutzten Spekulanten den Aufwärtstrend und verursachten eine spekulative Blase. Höhepunkt war der Ölpreis-Anstieg auf knapp 150 US-Dollar je Barrel (1 Barrel = 159 Liter) im Sommer 2008. Diese Preisblase platzte jedoch sehr schnell.

Das bedeutet aus unserer Sicht jedoch nicht, dass Rohstoffpreise wieder für Jahrzehnte in der Versenkung verschwinden. Wir erwarten einen langfristigen Preisanstieg. Der Preisanstieg bei den unterschiedlichen Rohstoffen, der vor rund zehn Jahren begonnen hat, hat keinen spekulativen Charakter, sondern markiert eine Trendwende. In den Jahren 2007/2008 setzten Spekulanten auf diesen Trend, verstärkten ihn und verursachten eine Übertreibung. Diese Übertreibungsphasen nach oben und unten werden auch zukünftig alle paar Jahre zu beobachten sein, aber der langfristige Preistrend der Rohstoffe zeigt nach oben.

Große Rohstoff-Nachfrage in den Wachstumsmärkten

China und Indien beeindrucken seit Jahren mit BIP-Wachstumsraten von 6 bis 12 % pro Jahr. Gleichzeitig handelt es sich auch noch um die beiden bevölkerungsreichsten Länder der Welt (zusammen rund 2,5 Mrd. Einwohner; die Gesamtbevölkerungszahl weltweit liegt bei geschätzten 6,9 Mrd.). Die Kombination aus einem starken Wirtschaftswachstum und der großen Bevölkerung sorgt für eine völlig neue Ausgangslage am Rohstoffmarkt. Das sind auch keine wilden Zukunftsphantasien. Schon heute gehören China und Indien bei Rohstoffen zu den weltweit größten Verbrauchern. Besonders begehrt sind Industriemetalle, weil die für den Aufbau der Infrastruktur und Industrie gebraucht werden. Laut LBBW-Rohstoffanalyse saugt China im Bereich Industriemetalle zur Zeit 30 bis 40 % des weltweiten Angebots auf. Die hohen Wachstumsraten können also nicht mehr damit begründet werden, dass die Ausgangsbasis so gering ist.

Beim Öl ist der Ausgangswert noch nicht ganz so hoch, aber der Trend geht in die gleiche Richtung, wie eine Studie des britischen Öl-Konzerns BP zeigt. Nach BP-Angaben verbrauchte China im Jahr 2000 rund 4,7 Mio. Barrel Öl pro Jahr. 2008 war der Verbrauch bereits auf 8,0 Mio. Barrel pro Tag gestiegen – Tendenz stark steigend. Es ist daher nur noch eine Frage der Zeit, bis die Marke von 10 Mio. Barrel pro Tag fällt. Zum Vergleich: Der weltweite Öl-Verbrauch lag zuletzt bei rund 85 Mio. Barrel pro Tag. China ist also schon jetzt für rund 10 % des Ölverbrauchs verantwortlich. Da die Wachstumsraten in China deutlich höher sind als in den Industrienationen, wird die Quote weiter steigen.

Die Zahlen aus China sind nur ein Beleg dafür, dass nicht mehr die etablierten Industrienationen den Wachstumstakt vorgeben. Neben China besitzen auch Länder wie Indien, Brasilien, Mexiko, Russland oder Indonesien das Potenzial, mittelfristig zu den zehn größten Wirtschaftsnationen der Welt zu zählen.

Das Rohstoff-Angebot stößt an Grenzen

Betrachten wir zusätzlich die Angebotsseite: Die Öl-Katastrophe im Golf von Mexiko demonstriert eindrucksvoll, dass die Zeiten der leicht zugänglichen Öl-Quellen endgültig vorbei sind. Jetzt muss in der Tiefsee gebohrt werden. Trotz des technischen Fortschritts steigen die Förderkosten. Nach der Katastrophe ist es auch fraglich, ob alle bereits entdeckten Öl-Quellen genutzt werden. Die Regierungen planen Einschnitte, aber auch die Öl-Konzerne werden sich fragen, ob das Risiko für das eigene Unternehmen noch planbar ist. Der Fall BP zeigt, dass ein einziger Unfall sogar einen Weltkonzern ins Wanken bringen kann.

Zu einer tickenden Zeitbombe kann mittel- und langfristig auch das zu geringe Nahrungsmittelangebot werden. Das ist heute noch schwer vorstellbar, da noch vor wenigen Jahren in der Tagesschau regelmäßig Butterberge und Milchseen gezeigt wurden. Aber das ist nur der Blickwinkel der Industrienationen. Moderne Erntetechnik, neue Düngemittel, genverändertes Saatgut und Massentierhaltung haben dazu geführt, dass die Industrienationen günstig und reichlich mit Nahrungsmitteln (Agrarrohstoffen) versorgt werden (wobei die Optimierung die Menge und nicht unbedingt die Qualität betrifft).

Die Versorgung der Industrienationen scheint gesichert, aber dabei müssen Sie berücksichtigen, dass nur rund 20 % der Weltbevölkerung in Industriestaaten lebt. Die große Masse, 80 %, lebt in Schwellenländern. Und während die Bevölkerungszahl in den großen Industrienationen in den nächsten Jahrzehnten tendenziell schrumpfen wird (Ausnahme USA), wächst die Einwohnerzahl in den Schwellenländern. Bis zum Jahr 2050 wird ein Anstieg der Weltbevölkerung auf rund neun Mrd. Menschen erwartet.

Diese Wachstumszahl besitzt noch keine große Aussagekraft bei der Betrachtung des Rohstoff-Sektors. Denn der Rohstoffverbrauch hängt zu einem großen Teil von der Bevölkerungsschicht ab, die auch zahlungsfähig ist. Aber auch hier ist der Trend eindeutig nach oben gerichtet. Laut einer Studie der US-Bank Goldman Sachs hat sich die Mittelschicht (definiert als Anteil der Bevölkerung mit einem Jahreseinkommen von über 3.000 US-Dollar) in den vier BRIC-Staaten Brasilien, Russland, Indien und China in den vergangenen

Jahren auf 420 Mio. Menschen verdoppelt. Bis zum Jahr 2050 erwartet Goldman Sachs eine weitere Zunahme der Mittelschicht auf über drei Mrd. Menschen. Ein solches Wachstum würde auch die Preise für Agrarrohstoffe, die sich im langfristigen Vergleich am schlechtesten entwickelt haben, in völlig neue Dimensionen steigen lassen (mit all den negativen Konsequenzen, die das für einen Großteil der Bevölkerung hat). Die Ausgangslage ist eindeutig: Die Nachfrage nach Rohstoffen wird noch über Jahrzehnte stark steigen und auch die Preise nach oben treiben.

Gute Investitionsmöglichkeiten sind selten

Theoretisch sind steigende Preise ein ideales Investitions-Szenario für Sie als Privatanleger. Das große Aber: Ausgerechnet im Rohstoff-Sektor ist die Auswahl an langfristig guten Anlage-Instrumenten am geringsten. Betrachten Sie die Investitionsmöglichkeiten:

- Physischer Kauf
- ETFs und ETCs
- Derivate
- Aktien und Fonds mit Rohstoffaktien

Der **physische Kauf** von Rohstoffen bietet sich für Privatanleger nicht an. Bei Edelmetallen ist der Kauf von Barren und Münzen eine gute Investitionsmöglichkeit, bei Rohstoffen ist der Kauf von Industriemetallen oder Öl zwecklos, da zum Beispiel die Lagerung dieser riesigen Mengen ein fast unüberwindbares Hindernis ist. Bei Agrarrohstoffen kommt die beschränkte Haltbarkeit hinzu.

Sehr beliebt sind mittlerweile auch im Rohstoff-Sektor ETFs (Exchange Traded Fund = börsengehandelter Fonds) und ETCs (Exchange Traded Commodities = börsengehandelte Rohstoffe). ETFs garantieren eine physische Hinterlegung und gelten rechtlich als Sondervermögen. Selbst wenn die Fondsgesellschaft wegen Zahlungsunfähigkeit aufgelöst werden müsste, wäre das Fondsvermögen geschützt und bliebe Eigentum der ETF-Besitzer. ETFs sind daher ein sehr attraktives und sicheres Anlage-Instrument. Das Problem: Bisher können Privatanleger nur in ETFs auf Edelmetalle (Gold, Silber oder Platin) investieren und damit nur einen kleinen Teil des Rohstoff-Sektors abdecken. Abhilfe ist allerdings in Sicht. Mehrere Fondsgesellschaften planen die Einführung von ETFs mit Schwerpunkt Industriemetalle. Das wäre eine echte Anlagealternative.

Aktuell stehen aber nur ETCs zur Auswahl. Dabei handelt es sich rechtlich nicht direkt um physische Rohstoffe, sondern um besicherte Schuldverschreibungen der jeweiligen Emittenten. Die ETCs sind im Regelfall so konstruiert, dass sie physische Rohstoffe abdecken. Sie sind sicherer als Derivate (abgeleitete Wertpapier, dazu gleich mehr), aber doch nicht ganz so sicher sind wie ETFs. In normalen Börsenzeiten spielt der Unterschied keine große Rolle, aber wenn es zu Staatspleiten und einem Ansturm auf die Banken kommt, können auch kleinere Sicherheitslücken schwerwiegende Folgen haben. Daher können wir ETCs in dieser kritischen Phase *nicht* als Langfrist-Investment empfehlen.

Derivate, abgeleitete Wertpapiere wie zum Beispiel Zertifikate, die den Öl-Preis abbilden, sind ebenfalls Schuldverschreibungen der Emittenten. Solche Emittenten sind meist Banken. Es gibt jedoch keine physische Absicherung. Im Falle einer Banken-Pleite kann das Zertifikat quasi wertlos verfallen. Zertifikate-Besitzer mussten diese bittere Erfahrung nach der Pleite der US-Bank Lehman Brothers machen.

Ein weiterer Schwachpunkt der Rohstoff-Derivate sind mögliche »Rollverluste«, wenn Sie ein Zertifikat lange halten möchten. Rollverluste können entstehen, weil die Emittenten nicht in die physischen Rohstoffe investieren, sondern in zeitlich begrenzte Terminkontrakte. Nach einer gewissen Zeit muss der Emittent dann in einen neuen Terminkontrakt mit längerer Laufzeit wechseln (rollen). Ist der neue Terminkontrakt teurer als der alte, entstehen Rollverluste. Theoretisch sind auch Rollgewinne möglich, wenn der neue Terminkontrakt günstiger ist als der alte, aber Sie sollten im Zweifel mit einem negativen Ergebnis rechnen. Wie stark dieser Effekt über Jahre sein kann, zeigt ein Praxis-Beispiel:

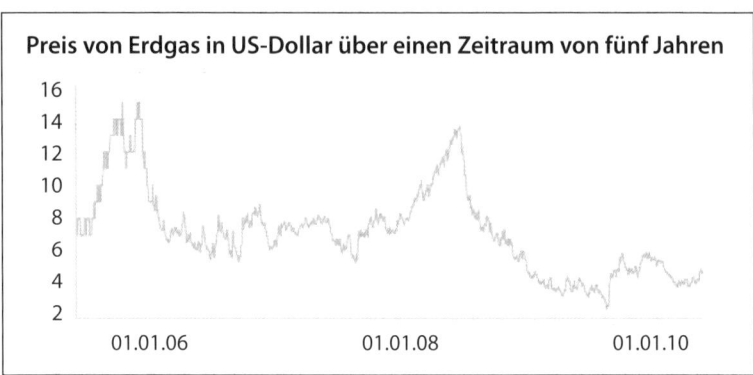

Preis von Erdgas in US-Dollar über einen Zeitraum von fünf Jahren

Im oben gezeigten Chart erkennen Sie, dass der Gaspreis erst von 7 auf 15 US-Dollar gestiegen ist, in den folgenden Jahren jedoch auf 4,85 US-Dollar gefallen ist. Das ergibt auf Sicht von fünf Jahren einen Preisrückgang um gut 30 %.

Im Chart unten sehen Sie die Preisentwicklung eines Gas-Zertifikats (WKN: ABN4L1) des Emittenten RBS (früher ABN Amro), dass theoretisch den oben gezeigten Gaspreis 1:1 in Euro umgerechnet abdeckt:

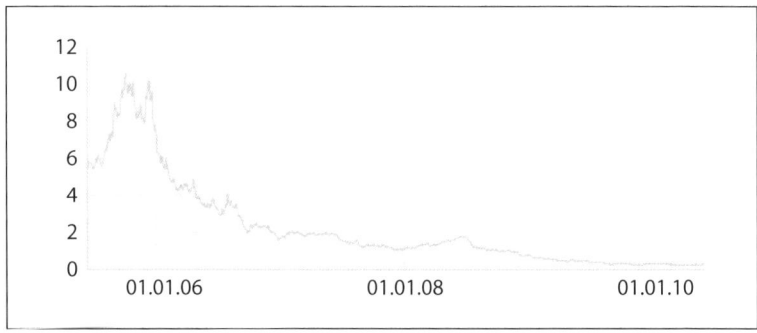

In den ersten Jahren sieht der Chartverlauf mit der Doppelspitze im Jahr 2005 ähnlich aus wie im oberen Chart. Doch dann fällt auf, dass der Kurs des Zertifikats im Zeitverlauf immer weiter Richtung

Null tendiert und sich vom Basiswert Gas abkoppelt. Das Zertifikat hat Mitte 2005 fast genau 6 Euro gekostet und notierte fünf Jahre später im Mai 2010 bei 0,30 Euro. Das entspricht einem Verlust von 95 %. Zum Vergleich: Der Gaspreis hat in der gleichen Zeitspanne nur rund 30 % verloren.

Daher das kurze und knappe Fazit

Derivate, wie zum Beispiel Zertifikate (oder auch Optionsscheine), sind in ruhigen Börsenphasen eine Möglichkeit, Rohstoffe einfach und günstig abzudecken. Sie bieten sich jedoch nicht als langfristiges Krisen-Schutz-Investment an.

Aktien-Fonds mit Schwerpunkt Rohstoffe sind nicht perfekt, aber relativ betrachtet ein gutes Rohstoff-Investment. Der physische Kauf von Rohstoffen ist für Privatanleger schwer bis unmöglich, ETFs gibt es bisher nur auf Edelmetalle; ETCs und Derivate weisen ein Emittenten-Risiko auf – es bleiben also nur Rohstoffaktien.

Historische Datenreihen zeigen, dass Rohstoffpreise und Aktienkurse von Rohstoffunternehmen nicht immer parallel laufen. Auch Rohstoffaktien sind kurzfristig von Stimmungen und Trends am Aktienmarkt abhängig. Ein aktuelles Beispiel: Als die australische Regierung im Frühjahr 2010 eine Sondersteuer für Bergbaukonzerne ankündigte, brachen die Kurse der australischen Rohstoffaktien kurzfristig ein.

Der langfristige Trend wird jedoch in eine andere Richtung gehen: Steigen die Rohstoffpreise stark überproportional, legen auch die Kurse der großen Rohstoff-Unternehmen stark zu. So ist der Aktienkurs des weltweit größten Rohstoffkonzerns BHP Billiton in den vergangenen zehn Jahren um mehrere 100 % gestiegen (hinzu kommen noch die Dividendenerträge). Mit dieser Performance hat die Rohstoff-Aktie den britischen Leitindex FTSE 100 deutlich abgehängt, wie der folgende Chart zeigt:

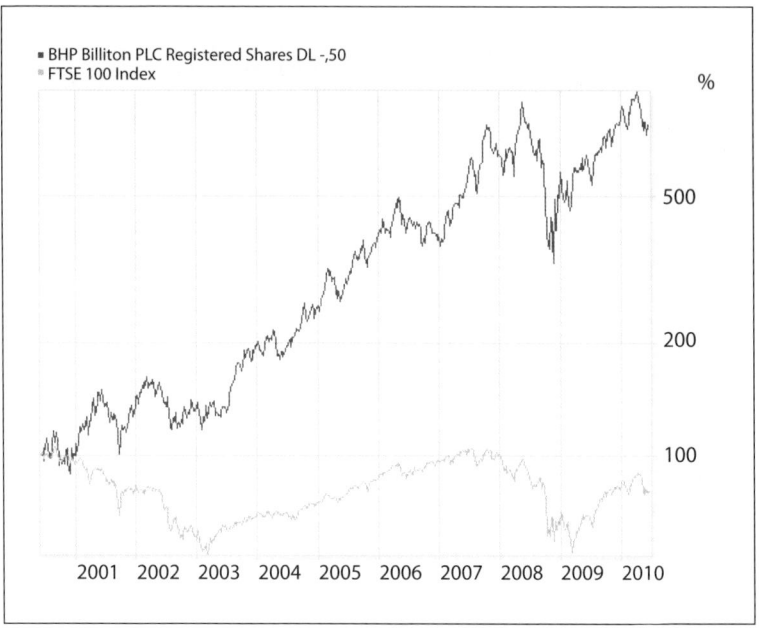

Während der britische Leitindex FTSE 100 auf 10-Jahres-Basis sogar im Minus liegt, hat der Preisanstieg bei den Rohstoffen zeitgleich die BHP-Aktie an der Börse in London um über 500 % nach oben getrieben. Die Aktie des Weltmarktführers BHP Billiton gehört zu den Top-Werten im Rohstoff-Bereich und wird auch an deutschen Börsen rege gehandelt (WKN: 908101).

Wenn Sie das Risiko einer Einzel-Aktie vermeiden möchten (der Kurssturz der BP-Aktie mit Verlusten von 40 % innerhalb weniger Tage demonstriert eindrucksvoll dieses Risiko) und zusätzlich fast die gesamte Bandbreite des Rohstoff-Sektors abdecken möchten, bietet sich eine Fondslösung an.

Zu den Fondsgesellschaften, die nicht auf Ein-Jahres-Sicht an die Spitze streben, sondern mit ihren Fonds den langfristigen Anlage-Erfolg suchen, gehört die französische Fondsgesellschaft Carmignac Gestion.

Der im Jahr 2003 aufgelegte Rohstoff-Fonds »Carmignac Commodities (WKN: 914233)« liegt in der Performance-Liste im oberen Bereich, aber nicht an erster Stelle. Er weist jedoch langfristig ein Konzept auf, das am stärksten überzeugt. Im Langfrist-Chart erkennen Sie auf der einen Seite, dass der Rohstoff-Fonds den Gesamtmarkt (wieder gemessen am britischen Leitindex FTSE 100) deutlich abhängt, kurzfristig aber extrem stark schwanken kann.

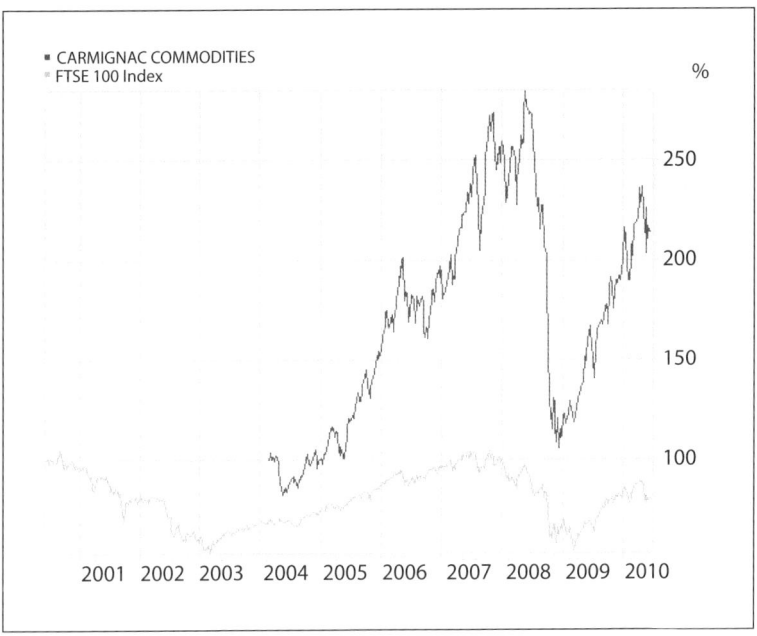

Das Fondsmanagement setzt – anders als einige Konkurrenten – nicht alles auf eine Karte (auf einen speziellen Rohstoff-Sektor), sondern deckt die gesamte Bandbreite ab. Die Gewichtung im Fonds:

- Energie: 33 %
- Edelmetalle und Mineralien: 23 %
- Metalle und Bergbau: 36 %
- Landwirtschaftliche Rohstoffe: 4 %
- Papier- und Forstprodukte: 4 %

Fazit

Mit diesem Fonds erreichen Sie eine breite Abdeckung der Rohstoffbranche und sind nicht von einzelnen Trends abhängig. Im Fondsportfolio finden Sie Branchenschwergewichte wie BHP Billiton, Rio Tinto und Xstrata, aber auch relativ unbekannte Werte wie Pacific Rubiales Energy, Red Back Mining oder Cliff Natural Resources. Aufgrund der kurzfristig starken Kursschwankungen bietet sich ein Investment an, wenn Sie einen Anlagehorizont von mindestens fünf Jahren anstreben.

Edelmetalle: Sicher durch den Staatsbankrott – und glücklich danach

Goldinvestments sind aller Wahrscheinlichkeit nach sicher – wir empfehlen Ihnen ausdrücklich, einen Teil Ihres Vermögens in Gold (oder Silber) zu investieren. Über den Edelmetallanteil an Ihrem Vermögen steuern Sie nur noch das Risiko.

Sie werden allerdings nicht der einzige Investor sein, der jetzt vermehrt auf Gold als Inflationsschutz setzt. Dass Gold aktuell mehr und mehr gefragt ist, beweist der Goldpreisanstieg der letzten Jahre. Lag der Preis pro Feinunze Anfang der Jahre 2001 und 2002 noch unter 300 US-Dollar, hat der die Marke von 1.000 US-Dollar im Jahr 2008 kurz angetestet und stieg in der zweiten Jahreshälfte 2009 abermals über diese Hürde, um sie dann bis Mitte 2010 dauerhaft zu halten. Als Skeptiker könnte man vorwiegend den Dollarverfall dafür verantwortlich machen. Doch im Juni 2010 zeichnet sich ein anderes Bild ab: Erstmals kostet die Feinunze Gold auch mehr als 1.000 Euro. Damit hat der Goldpreis auch in Europa einen historischen Höchststand erreicht und beweist einmal mehr, dass Gold von Investoren und von der breiten Masse jederzeit als wertbeständige Ersatzwährung akzeptiert wird.

Warnung: Nicht alles auf Gold setzen

Anders als diverse Goldgurus, die sich gerade in Krisenzeiten vermehrt zu Wortführern aufschwingen, bleiben wir kritisch und empfehlen nur einen bestimmten Anteil an Gold. Mehr als 15 bis 20 % sollte Gold in keinem Vermögen ausmachen.

Dennoch gibt es gute Gründe für Gold: Gold ist wertbeständig und sichert die Kaufkraft bereits seit mehr als zwei Jahrtausenden ab – über alle Staatsbankrotte, Währungsreformen oder Manipulationsversuche hinweg. Gold ist immer auch Ersatzzahlungsmittel, egal welche Währung gerade gültig ist.

Nicht goldgedecktes Papiergeld hingegen ist schlicht Schwundgeld. Das gilt weltweit – wie diese Tabelle belegt:

Feingold in Gramm pro 1.000 US-Dollar			
1834-1934	1.508,80	2003	85,30
1934-1972	888,70	2004	75,80
1972-1981	222,90	2005	69,70
1981-1991	79,50	2006	51,00
1991-2001	92,40	2007	44,30
2001	114,30	2008	44,00
2002	99,90	2009	32,70

Sie sehen, wie dramatisch die Goldmenge gesunken ist, die man sich für 1.000 US-Dollar kaufen kann. Anfang der 70er Jahre hob die USA den Goldstandard auf. In der Folge gab es keine offizielle Garantie von der Notenbank mehr, jeden Dollar gegen eine bestimmte Menge Gold eintauschen zu können. Das wirkte sich deutlich auf den Goldpreis aus.

Es gibt aber auch Nachteile, die gegen das Anhäufen eines Goldvermögens sprechen: Gold ist immer gefährdet, vom Staat einfach konfisziert zu werden. Ein Zitat von Marc Faber, dem berühmten »Mr. Doom«:

»Ich könnte mir zumindest in der Schweiz vorstellen, dass Anlegern eines Tages das Gold auf Druck der Amerikaner weggenommen wird.«

Gold als Schutz vor Staatsbankrotten

Eine kleine Rückblende verdeutlicht, warum Gold als Inflationsschutz nur bedingt geeignet ist:

1914 bis 1923 war Gold das beste Investment schlechthin. Mit Beginn des Ersten Weltkriegs kauften die Deutschen Gold. Das Vertrauen in die Reichsmark sowie in die Politik war zerstört. Das knappe Gut Gold wurde sogar so knapp, dass die Reichsbank zunächst den Handel mit Gold einschränkte und den Besitz schließlich im Mai 1923 ganz verbot. Gold von Privatpersonen wurde konfisziert. Zwar stieg der Goldpreis weiter – Privatleute hatten davon jedoch nichts mehr.

1929 bis 1932: Im Jahr 1929 kam der Börsencrash, dann die große Weltwirtschaftskrise. Am 5. April 1933 erließ US-Präsident Franklin D. Roosevelt eine so genannte Durchführungsverordnung, die festlegte: Gold privat zu besitzen, war künftig verboten. Die USA konfiszierten das private Gold. Als Ausgleich zahlten sie einen (schon damals lächerlichen) Preis von 20,67 US-Dollar je Unze. Im Jahr 1934 wurde das Gold neu bewertet. Der Preis wurde bei 35 US-Dollar pro Unze festgelegt. Der Staat gewann etwa 70 % durch den legalisierten Raub.

1933 bis 1945: In Deutschland regierte der Nationalsozialismus. Privater Goldbesitz wurde verboten. Nach dem Zweiten Weltkrieg mit der neuen Währungsreform gehörten allerdings Goldbesitzer, die heimlich Bestände angehäuft hatten und nicht erwischt worden waren, zu den Gewinnern.

Eines bleibt jedoch gewiss: In einer Inflation wird der Goldpreis immer steigen. Weltweit.

> **Das heißt**
>
> Sie müssen damit rechnen, dass Gold konfisziert wird – aus Angst vor den Gold-besitzern und deren Macht sowie aus reiner Not zur Finanzierung der Schulden.

Liegen die Realzinsen (also die Zinsen nach Inflation) unter 4 %, wird der Goldpreis nach einer Untersuchung der Deutschen Bank und Thompson weiter steigen. Gold ist daher nicht nur der Schutz schlechthin, sondern hat auch enormes Steigerungspotenzial.

Aus diesen hier nur kurz skizzierten Gründen bleiben wir beim Kriseninvestment Gold. Mit der gebotenen politischen Vorsicht vor dem Staatszugriff investieren Sie am besten bis zu 20 %.

Silber als Schutz vor Staatsbankrotten

Das Edelmetall Silber wird sich analog verhalten, also bei Inflation und Staatsbankrott an Wert gewinnen. Es ist dennoch ein spekulativeres Investment. Dafür kostet es weniger: Sie können Silber zu Preisen von etwa knapp 20 Dollar/Unze handeln und damit Ihr Vermögen einfacher aufteilen. In dieser Anlegerfibel allerdings gehen wir jedoch aus zwei Gründen nicht ausführlich auf Silberinvestments ein:

- Silber ist zu schwer, um es in nennenswerten Mengen bei einem brisanten Staatsbankrott mit militärischem Eingreifen ins Ausland zu verfrachten.
- Der Erwerb von Silber ist in Deutschland mehrwertsteuerpflichtig: Je nachdem, in welche Münzen oder Barren Sie investieren, zahlen Sie zusätzlich zum Nettopreis 7 % oder 19 % Aufschlag. Wer Silber in Schweizer Safes lagert, erspart sich die Kosten. Dann allerdings kommen Sie nicht ohne weiteres an Ihre Bestände heran.

Wer in Silber investieren möchte, erhält hier einige Tipps

➤ Kaufen Sie keine Sammlerstücke, deren Wert vorwiegend von der Seltenheit, nicht aber vom Materialpreis abhängt.

➤ Übliche Münzen sind: American Eagle, Maple Leaf sowie der Wiener Philharmoniker.

➤ Kaufen Sie keine Zertifikate auf Silber – dies sind nur Schuldverschreibungen, also Zahlungsversprechungen einer Bank oder eines sonstigen Emittenten.

➤ Physisches Silber können Sie zu Hause lagern – für Diebe ist es zu schwer, um relevante Mengen in wenigen Minuten wegschaffen zu können.

Ihre Möglichkeiten, in Gold zu investieren

Gold können Sie in den verschiedensten Formen halten. Wir bevorzugen ausgesuchte Investments, die im Staatsbankrott und der vorgelagerten Inflation die besten Aussichten versprechen. Ein kurzer Überblick über die verschiedenen Gold-Investments:

1. Gold können Sie als Münzen oder Barren kaufen – dies ist die seit Jahrtausenden bewährte Form. Münzen oder Barren erhalten Sie entweder in vergleichsweise »reiner« Form oder als Sammlerobjekte, Sonderprägungen. Wir empfehlen: Verzichten Sie auf jegliche Sonderprägungen. Diese machen das Gold nur teurer, aber der Wert erhöht sich nicht. Der Zweck Ihres Goldinvestments ist die Sicherung des eigenen Vermögens. Wenn Sie Gold nach einem Staatsbankrott einfach in Waren tauschen wollen, helfen Sonderprägungen nicht.

2. Seit einigen Jahren bieten Banken Zertifikate auf den Gold-Preis an. Achtung: Zertifikate sind Schuldverschreibungen, Anleihen. Von steigenden Preisen haben Sie nichts, wenn der Emittent der Anleihe (des Zertifikats) nicht mehr zahlen kann, etwa weil er pleite ist. Wir empfehlen: Investieren Sie nicht in Zertifikate.

3. Aktien von Minenunternehmen oder Fonds mit Minenwerten können eine Alternative zu Gold-Investments sein.

Hier raten wir allerdings zur Vorsicht: Minenaktien sind weniger berechenbar als das reine Gold. Statt auf einzelne Minen zu setzen, kaufen Sie lieber einen ETF (Exchange Traded Funds, also börsengehandelten Fonds), in dem verschiedene Minenaktien enthalten sind. Einen solchen ETF haben wir Ihnen im Abschnitt »Aktien« mit dem NYSE Gold Bugs vorgestellt.

4. Dazu empfehlen wir Ihnen so genannte ETCs (Exchange Traded Commodities, das heißt börsengehandelte Rohstoffe). Dies sind mit Gold hinterlegte Zertifikate, die manchmal auch als »Goldfonds« bezeichnet werden.

Tipp

Wir empfehlen Ihnen physisches Gold (Nummer 1) und Gold-ETCs (Nummer 4). Das physische Gold lagern Sie entweder im eigenen Safe, im Banktresor oder über die ETC-Lösung in fremden Safes. Immer jedoch sollten Sie realen Zugriff auf Ihr Goldvermögen haben.

Physisches Gold: Münzen und Barren

Physisches Gold zu kaufen, ist heutzutage kein großer Aufwand mehr. Sie haben jedoch angesichts der enormen Nachfrage (Stand Juni 2010) beim Goldhändler nicht immer Zugriff auf alle Anlageformen. Grundsätzlich gibt es physisches Gold in Form von Münzen und Barren. Im Unterschied zu Silber ist Gold in Deutschland steuerfrei. Das gilt aber nur für Barren und Anlagemünzen.

Folgende **Münzen** sind gängige Anlagemünzen in Gold:

* Nugget Känguru (eine australische Münze)
* American Eagle (eine US-Münze)
* Wiener Philharmoniker (eine österreichische Münze)
* Krügerrand (eine südafrikanische Münze)
* Maple Leaf (eine kanadische Münze)

Der Feingoldgehalt dieser Münzen liegt bei 99,99 %. Nur der Krügerrand hat einen geringeren Feingoldgehalt (91,66 %), wiegt dafür aber mehr (etwa 34 Gramm statt 31,1035 Gramm). Die zusätzliche Kupferbeimischung sorgt für größere Härte. Da der Krügerrand gesetzliches Zahlungsmittel ist, ist dies erwünscht.

Sie können die Münzen vor Ort bei einer Bank erwerben oder einem spezialisierten Edelmetallhändler kaufen bzw. per Versand bestellen. Die wenigsten Banken bieten allerdings heute noch Münzen an. Lagerung und Vertrieb sind zu aufwändig.

Es gibt spezialisierte Edelmetallhändler, die auf Wunsch auch per Versand liefern. Die beiden größten in Deutschland heißen Proaurum (www.proaurum.de) und Westgold (www.westgold.de).

Einige Spezialhinweise

➤ Bei Versandhändlern können Sie in aller Regel auch »vor Ort« kaufen. Das empfiehlt sich, um beim Kauf anonym zu bleiben. Aber Achtung: Käufe ab 15.000 Euro sind in Deutschland meldepflichtig. Der Händler wird Sie dann nach Ihrer Identität fragen.

➤ Münzen lohnen sich immer dann, wenn Sie in kleinen Einheiten kaufen. Die Produktion und der Transport ist bis zu einer Unze (31,1035 Gramm) günstiger als bei Barren.

➤ Verzichten Sie auf Sonderprägungen, Echtheits-Zertifikate oder ähnliche »Sammlerwerte«. Alles, was über die reine Münze hinausgeht, kostet letztlich unnötig Geld. Auch, wenn Sie Münzen später als Tauschgeld verwenden wollen, nutzen Echtheits-Zertifikate wenig. Denn dazu müssten sie dem Tauschpartner bekannt sein.

Barren können Sie in verschiedenen Formen und Gewichten kaufen. Häufig angeboten werden sind:

- 1 Gramm
- 10 Gramm
- 1 Feinunze (31,1035 Gramm)
- 50 Gramm
- 100 Gramm

Barren kaufen Sie am besten immer dann, wenn Sie größere Gewichtseinheiten als eine Feinunze möchten.

Gewinne steuerfrei, wenn Sie das Gold länger als ein Jahr halten

Solange es in Deutschland noch nicht zum Staatsbankrott kommt und die Regierung ihre Steuerpolitik nicht drastisch ändert, kaufen Sie Gold in physischer Form aktuell mit einer besonderen Steuersparchance. Ab einer Haltedauer von mindestens einem Jahr sind die Kursgewinne für Sie steuerfrei. In diesem Punkt sind physische Geldanlagen goldhinterlegten ETCs überlegen, die steuerlich zumeist als Zertifikate eingestuft werden.

Sie können sich vor dem Staat und seinen Begehrlichkeiten während des Staatsbankrotts schützen. Bis zu 15.000 Euro können Sie pro Order investieren, ohne dass die Bank/der Händler dies melden muss. Sofern Sie das Gold nicht gerade in einem Bankschließfach lagern, weiß niemand außer Ihnen, dass und wie viel Gold Sie besitzen.

Falls Sie diese Strategie umsetzen wollen, jedoch ein Hinweis: Heben Sie nicht unmittelbar vorher größere Geldbeträge von den Bankkonten ab. Wer mehrfach 15.000 Euro abhebt, gibt damit unfreiwillig Auskunft über seine Aktivitäten.

Gold-ETCs (»Goldfonds«)

Da Zertifikate auf den Goldpreis zu riskant sind (Emittentenrisiko, siehe oben), bleiben als verbriefte Ansprüche auf Gold nur ETCs (Exchange Traded Commodities, börsengehandelte Rohstoffe). Diese Anlageform bietet Ihnen mehrere Vorteile:

* Die Lagerung ist anders als bei physischem Gold kein Problem für Sie.
* Die Kosten für die Anschaffung sind wesentlich günstiger.
* Mehrwertsteuer zahlen Sie nicht, dafür Abgeltungsteuer von 25 % plus Solidaritätszuschlag plus Kirchensteuer je nach Bundesland.

- Muss der Anbieter Insolvenz anmelden, bleibt das ETC-Vermögen in aller Regel vor dem Zugriff der Gläubiger geschützt. Die meisten ETCs stellen dies über spezielle Treuhandkonstruktionen sicher, andere bilden Sondervermögen wie Fonds.
- Sie können einen solchen Fonds jederzeit über die Börse an- und wieder verkaufen.

Ihre Fondsanteile verbriefen den Anspruch auf die Lieferung von physischem Gold. So kann ein Anteil beispielsweise auf die Lieferung von einer Feinunze Gold oder einem Gramm Gold lauten.

Den Vorteilen von Gold-ETCs stehen Nachteile gegenüber, die Sie abwägen sollten:

- Einige Fonds sind bei weitem nicht vollständig mit Gold hinterlegt, sondern mit »Buchgold« – Wertpapieren, die einen Goldanspruch nur verbriefen. Wir meinen: Dies ist zu riskant.
- Sie zahlen, wie oben erwähnt, Abgeltungsteuer auf die Kursgewinne. Das ist unumstößlich, so die neuesten Urteile der Finanzgerichte.
- Schließlich führen Sie die ETCs auf Konten – der Staat weiß über Ihr Investment Bescheid. Möglicherweise kann er hier ebenfalls auf die Idee kommen, Gold zu konfiszieren. Historisch kann es dafür noch keinen Vergleich geben, da Gold-ETCs noch eine junge Anlagekategorie sind.

Zusammenfassend unsere drei aktuellen Empfehlungen

Wir empfehlen aktuell, im Sommer 2010, am Vorabend des Staatsbankrotts mit vorgelagerter Inflation:

➤ Kaufen Sie für 10 % bis 15 % Ihres Vermögens Gold. So streuen Sie das Risiko, falls der Staat – wie so oft – auf die Idee kommen sollte, Gold zu konfiszieren.

> ➤ Investieren Sie zur Hälfte in physisches Gold, das Sie direkt kaufen. Also in Münzen oder Barren. Verzichten Sie auf »Schnick-Schnack«, sondern kaufen Sie schlichte Anlagemünzen oder Barren. Münzen bei Gewichtseinheiten bis zu einer Feinunze, Barren bei größeren Gewichtsklassen.

> ➤ Legen Sie die andere Hälfte des vorgesehenen Betrages in einem goldhinterlegten ETC (»Goldfonds«) an. Wir empfehlen den mit physischem Gold hinterlegten »ZKB Gold ETF (EUR)«, der in der Schweiz gehandelt wird. ISIN: CH0047533523.

Immobilien: Wichtiges Basis-Investment

Immobilien sind die richtige Investition als Vorbereitung auf den kommenden Staatsbankrott – in welcher Form auch immer dieser eintritt. Zwei Gründe sprechen für einen wesentlichen Immobilienanteil:

* Die Erfahrungen aus der Wirtschaftsgeschichte.
* Die reine Wirtschafts-Logik.

Wir empfehlen Ihnen: Investieren Sie bis zu 30 % Ihres Vermögens in Immobilien, um bei und nach einem Staatsbankrott auf der Seite der Gewinner zu stehen. Falls Sie ein Eigenheim (Einfamilienhaus, Reihenhaus oder Eigentumswohnung) haben und dieses einen höheren Anteil am Gesamtvermögen ausmacht, müssen Sie diese Aufteilung nicht verändern. Sie nähern sich über Investitionen in andere Positionen (Aktien, Edelmetalle etc.) einem Optimal-Portfolio an.

Die besten Möglichkeiten, in Immobilien zu investieren

Investieren Sie nach eigenem Geschmack, nach der Höhe des Vermögens und nach der Zeit, die Sie für Immobilien-Investitionen erübrigen können. Unsere Investitionshierarchie:

Selbst genutzte Immobilien

Selbst genutzte Immobilien verschaffen Ihnen Unabhängigkeit, egal wie die kommende Entwicklung aussehen mag. Mit selbst genutzten Immobilien sind Sie nach menschlichem Ermessen auf jeden Fall gegen die schlimmsten Auswüchse der Altersarmut – gerade nach einem Staatsbankrott – gesichert. Denn – das zeigen zahlreiche Untersuchungen – die Wohnkosten werden sich rapide erhöhen, die Mieten also rasanter ansteigen als Nettoeinkommen, Renten und Verbraucherpreise. Da ist es besser, Sie müssen für Ihre Unterbringung nichts zahlen.

Vermietete Immobilien

Wenn Sie genügend Zeit für die Immobilienverwaltung haben und über ein Vermögenspolster verfügen, Zeiten mit geringen Mieteinnahmen zu überstehen (z. B. Aktien oder andere Anlagen, die wir Ihnen hier empfehlen).

Wichtig: Aufgrund des deutschen Mietrechts können Sie Mieten in einer Inflation nicht beliebig anpassen, sondern sind an Obergrenzen gebunden (aktuell: 20 % über der ortsüblichen Miete). Mieten können Sie deshalb nur Zug um Zug erhöhen. Folglich können Sie in Deutschland Mieten nur dann deutlich anheben, wenn Sie neu vermieten. Nach deutschem Mietrecht sind Sie aber auch zu laufenden Reparatur- und Wartungsarbeiten verpflichtet. Während einer Inflation oder nach einer Währungsreform kann das sehr teuer werden.

Fazit

Vermietete Immobilien bieten nur begrenzt Sicherheit. Falls Sie bereits vermieten, investieren Sie nicht neu in weitere Objekte.

Haus- oder Wohnungskauf: Die Ausgangslage ist günstig

Ein Staatsbankrott kann zu einem Währungsschnitt führen, zu ganzen Währungsreformen oder einer Hyperinflation. Immer geht es um Geldvermögen auf der einen Seite und Sachvermögen auf der anderen.

Die Immobilie ist als »anfassbares« Vermögen, als nutzbares Vermögen klassisches Sachvermögen. Was auch immer mit dem Geld passiert, Ihre Immobilien oder Ihr Immobilienanteil (über Fonds, Unternehmen oder Beteiligungen) leidet darunter nicht. Die reine Substanz bleibt bestehen. Kurz: Haus bleibt Haus. Ändern können sich nur

- der Nutzen der Immobilie und
- der staatliche Zugriff.

Kurz: Eventuell können Sie Immobilien im schlechtesten Fall eine zeitlang nicht vermieten beziehungsweise nicht oder nur schlecht verkaufen.

Sie können jede Immobilie, die Sie besitzen, aber selbst bewohnen oder andere darin unterbringen. Das heißt: Ein Basisnutzen bleibt immer.

Zum Zweiten können Sie sich mit Blick auf die Wirtschaftsgeschichte auch darauf verlassen, dass Immobilien sich im Laufe der Zeit wieder vermieten und auch wieder verkaufen lassen. Dazu auf den folgenden Seiten mehr.

Aktuelle Fakten belegen, dass ich gerade jetzt eine Immobilien-Investition lohnt: Hans Olaf Henkel, ehemals Manager bei IBM und später Sprecher des Bundesverbands der Deutschen Industrie meint angesichts der von ihm erwarteten Inflation:

»Zu beiden Gruppen [Anmerkung der Autoren: Schuldner und Sachwertbesitzern] will ich gleichzeitig gehören. Ich werde

mich maximal verschulden, übrigens zum ersten Mal in meinem Leben, und ein Mietshaus kaufen.«

Die Zinsen zur Immobilienfinanzierung sind so niedrig wie seit Jahrzehnten nicht mehr. Sie zahlen momentan ungefähr 2 Prozentpunkte weniger als noch vor vier Jahren. Im Sommer 2010 sind es etwa 4 Prozent, wenn Sie Kredite über einen Zeitraum von 20 Jahren abschließen.

Die Immobilienpreise sind auf einem sehr niedrigen Stand: Allgemeingültige Indizes wie den DAX gibt es dafür in Deutschland nicht. Unsere Umfragen bei Maklern, Auswertungen aus den Zeitungen mit Angeboten, die Preisentwicklungen bei Banken vor Ort sowie einige Daten aus verschiedenen Teilindizes zeigen jedoch: Zur Zeit, im Sommer 2010, finden Sie einen typischen Käufermarkt vor.

Eine Zahl dazu: Es gibt einen so genannten »Erschwinglichkeitsindex« der Deutschen Bank. Dieser misst auf Basis des Jahres 1975 das damalige Pro-Kopf-Einkommen und die Preise für Wohnungen. Die Wohnungspreise sind demnach um 7 % gestiegen, während das Pro-Kopf-Einkommen um 13 % zugenommen hat. Immobilien sind damit »erschwinglicher« oder – real – schlicht günstiger geworden.

Laut einer Studie des IWF (Internationaler Währungsfonds) haben sich zudem die Immobilienpreise in Deutschland in den vergangenen 20 Jahren verdoppelt – trotz der angeblich langweiligen Rendite. Künftig wird die Nachfrage nach Immobilien voraussichtlich ansteigen. Denn:

- Es wird in Deutschland immer mehr Haushalte mit Einzelpersonen geben. Jährlich 6 % mehr – so die Prognosen bis 2025. Das heißt: Die Nachfrage nach Wohnraum wird steigen.
- Die Bevölkerung wird älter – und lebt länger außerhalb von Krankenhäusern und Pflegeheimen: Residenzen bis hin zu kleinen Wohneinheiten lohnen sich daher.

- Immobilien in Deutschland sind immer noch – relativ – günstig, deutlich günstiger als etwa in Südeuropa (Qualitätsanalysen eingeschlossen): Internationales Kapital wird sich daher auf den Weg nach Deutschland machen und die Immobilienpreise in die Höhe treiben.

- Je größer die Krisen in Ost- und Südeuropa, desto sicherer der Zuzug weiterer Menschen, die Immobilien nachfragen werden.

- Steuervorteile aus den 90er Jahren sind radikal zusammengestrichen worden: Dies hat über sinkende Fondsinvestitionen die Preise zusammenschmelzen lassen. Die steuerlich erzeugte Immobilienblase vor allem im Osten Deutschlands aus den 90ern ist schon lange geplatzt.

- Die Zahl der Neubauten geht zurück: Wurden Mitte der 90er noch knapp 600.000 Wohnungen jährlich neu gebaut, sind es jetzt gerade einmal etwas weniger als 200.000. Dies sind 100.000 Wohneinheiten weniger, als jährlich neu gebraucht werden.

Daher ist der Markt für den Einstieg günstig, da sich am Bedarf selbst nach einem Staatsbankrott nicht so viel ändern wird, dass diese Überlegungen hinfällig wären.

Unsere Empfehlung

Am besten ist der Markt für so genannte »Bestandsimmobilien«, also: die berühmten gebrauchten Immobilien. Einfamilienhäuser sind in nahezu gleicher Qualität als gebrauchte Immobilien um ein Drittel billiger als Neubauten. Bestandswohnungen sind sogar um bis zu drei Viertel günstiger als Neubauwohnungen.

Immobilien-Beteiligungen

Immobilien-Beteiligungen bieten Ihnen im Vergleich zum selbstgenutzten oder vermieteten Wohneigentum zwei entscheidende Vorteile: Sie können Immobilienvermögen in nahezu beliebiger Stückelung kaufen. Anders als bei etwa bei einer Eigentumswohnung können Sie schon mit 5.000, 10.000 oder 50.000 Euro in Immobilien investieren und Ihr Vermögen sichern. Außerdem können Sie die meisten Immobilien-Beteiligungen – vor allem die börsengehandelten - wesentlich einfacher kaufen und verkaufen als ganze Häuser oder Wohnungen.

Sie haben im Wesentlichen vier Chancen, sich an Immobilieneigentum zu beteiligen:

*   Aktien von Immobiliengesellschaften (bevorzugt)
*   Offene Immobilienfonds (eingeschränkt empfehlenswert)
*   Immobilieninvestments in Form von Beteiligungen an einer GbR (wenig empfehlenswert)
*   Geschlossene Immobilienfonds (nicht empfehlenswert)

Immobilienaktien

Immobilienaktien sind wie alle Aktien volatil, schwanken also deutlich stärker als etwa Fondsanteile. Diesen Nachteil müssen Sie sich klarmachen. Bei einem Staatsbankrott mit vorgeschalteter Inflation gehen wir aber davon aus, dass die Aktienkurse zumindest stabil bleiben, in aller Regel sogar stark steigen werden.

Die Kurse von Immobilienaktien werden sich dann am Substanzwert orientieren. Er lässt sich anhand des vorhandenen »Betongoldes« recht gut ermitteln. Die Aktienkurse können zwar deutlich vom Substanzwert abweichen – Sie aber haben aber immer einen Anhaltspunkt für den »wahren Wert« Ihrer Immobilienaktien.

Drei Tipps für Aktieninvestments

Tipp 1: Konzentrieren Sie sich auf Unternehmen, die im deutschsprachigen Raum investieren. Viele Analysten warnen vor dem Fokus auf den deutschsprachigen Raum (als psychologischer Falle, weil sich hier ein »Klumpenrisiko« bilde). Wir meinen: Investieren Sie genau hier. Jede Zinsbewegung, jede Bewegung auf dem Immobilienmarkt, jede konjunkturelle Entwicklung können Sie in Deutschland weit besser einschätzen als bei Auslandsinvestments.

Tipp 2: Dem Wert einer Immobilienaktie kommen Sie auf die Spur, wenn Sie den »NAV« (=Net Asset Value, Englisch für ausgewiesenes Nettovermögen) zugrunde legen. Diesen NAV erhalten Sie über die Internet-Seiten aller Unternehmen, die für eine Investition in Frage kommen. Sie sehen sich dazu einfach die Bilanz an. Die Vermögenswerte der Bilanz (»Aktiva«) sind der Ausgangswert. Davon ziehen Sie oder der Analyst Rückstellungen und Verbindlichkeiten ab. Allerdings können die Vermögenswerte verschieden kalkuliert sein – entweder mit ihren aktuellen Marktwerten oder mit den Wiederbeschaffungspreisen. Daher müssten Sie bei einer Analyse die Kalkulationsgrundlagen kennen.

Tipp 3: Kaufen Sie keine Zertifikate auf Immobilienaktien als Langfristanlage. Zertifikate sind Schuldverschreibungen und damit Geld, das Sie der emittierenden Bank leihen. Bei einer Währungsreform oder einem Währungsschnitt oder bei Problemen der Emittentin können Sie schnell auf der Verliererseite landen.

Für den Sommer 2010 bietet sich beispielsweise diese Aktie an:

Titel	WKN	Kurs (in Euro)	NAV pro Aktie (in Euro)	Dividendenrendite
Deutsche EuroShop	748020	22,50	26,63	4,81

Die Deutsche EuroShop setzt auf Shopping-Center. Die meisten davon sind in deutschen Städten, wenige andere in Osteuropa. Erst kürzlich hat das Unternehmen ein weiteres Shopping-Center projektiert.

Dank der hohen Dividendenrendite bietet Ihnen die Deutsche EuroShop eine Alternative zu den Zinsen, die Anleihen bringen könnten – von denen wir aus den genannten Gründen abraten.

Immobilienaktien als Zertifikat aus Österreich: Eine Ausnahme von unserer Zertifikate-Ablehnung machen wir für den Index »IATX« aus Österreich, zumindest als Provisorium, solange es noch keinen ETF auf diesen Index gibt. Grund ist die verlockend niedrige Bewertung. Der Index besteht aus acht Immobiliengesellschaften Österreichs, die oft in Osteuropa investieren. Die Substanzwerte dieser Unternehmen liegen im Durchschnitt zwischen 40 % und 70 % über dem Aktienkurs, daher das gewaltige Potenzial.

Tipp

Hier vertrauen wir auf die osteuropäische Entwicklung sowie auf die Anglei-
chung zwischen Aktienkurs und »NAV«. Die Erfahrung lehrt, dass sich beide
Werte immer in etwa angleichen.

Da auch die emittierende Bank, die Royal Bank of Scotland trotz
aller Bedenken am Leben bleiben wird (und erhalten würde), können Sie dieses Risiko mit 20 % des Kapitals für Immobilienakti-
en eingehen. Das Zertifikat läuft endlos – auf eine schnelle Rückzahlung sind Sie daher nicht angewiesen. Wichtig ist, dass Sie es
in Deutschland handeln können. Handelsorte sind Stuttgart und
Frankfurt.

Titel	WKN	ISIN	Durchschnittliches Kurs-potenzial der im IATX enthaltenen Aktien
Open-End-Zertifikat auf IATX	AA0M68	DE000AA0M681	40 % bis 70 %

Offene Immobilienfonds

Offene Immobilienfonds setzen auf verschiedene Immobilien, das
heißt: Als Investor verteilen Sie Ihr Risiko. Offene Immobilienfonds
besitzen Immobilien als Fondsvermögen, dessen Anteilseigner Sie
sind. Ihre Anteile können Sie jederzeit an den Börsen verkaufen –
der Handel ist allerdings teilweise recht gering. Laufzeitbeschränkun-
gen gibt es nicht. Die Fondsgesellschaft kauft Immobilien und wird
sie »verwerten«, also umbauen, vermieten, verkaufen. An den Gewinnen werden Sie als Anteilseigner beteiligt. In der Regel können Sie
die Anteile entweder über die Börse verkaufen oder direkt bei den
Fondsgesellschaften selbst zurückgeben. Jüngst sind offene Immobilienfonds aber in Schwierigkeiten geraten und seither Gegenstand
der politischen Diskussion.

Politische Neuordnung bei offenen Immobilienfonds

Immobilienfonds und ihre Anteilseigner hatten jüngst das Problem, dass es einen regelrechten Run auf die Gesellschaften gab. Zahllose Investoren wollten ihren Anteile an die Fondsgesellschaften zurückgeben und dafür Bargeld haben. Schnell waren sämtliche liquiden Mittel der Fonds aufgebraucht. Damit hätten sie zwangsläufig Immobilien aus dem Fondsvermögen verkaufen müssen – zu möglicherweise ungünstigen Preisen. Deshalb müssen Sie wissen: Mit offenen Immobilienfonds ist Ihr Vermögen stärker gebunden, als dies den Anschein hat.

Das wird offene Immobilienfonds unattraktiver erscheinen lassen. Der Gesetzgeber überlegt außerdem

- eine Pflichthaltedauer von mindestens zwei Jahren einzuführen,
- eine Kündigungsfrist für die Rückgabe von Fondsanteilen einzuführen sowie
- einen Bewertungsabschlag auf das Fondsvermögen in Höhe von 10 % vorzunehmen.

Die geplanten Änderungen halten wir jedoch aktuell, im Sommer 2010, für nicht so dramatisch: Erstens sind dies nur Diskussionsgrundlagen, und die Änderungen für Langfrist-Anleger halten sich in Grenzen. Letztlich machen die eigentlichen Substanzwerte, die Immobilien, das Fondsvermögen aus. Langfristig entscheiden deren Verkaufspreise oder sonstige Verwertungen über den Erfolg des Fonds – und nicht die zwischenzeitliche Bilanzierung.

Deshalb empfehlen wir Ihnen, sich auf einen ausgesuchten Immobilienfonds (offen) zu beschränken – den »HausInvest Europa«, mit dem wir gute Erfahrungen gemacht haben. Dieser Fonds investiert nicht in Spanien und nicht in Griechenland (Stand Sommer 2010).

Titel	WKN	ISIN
HausInvest Europa	980701	DE0009807016

Beteiligungen an GbRs

Als Individualstrategie können Sie sich einer Gesellschaft bürgerlichen Rechts anschließen oder eine solche gründen. So haben Sie die Möglichkeit, mit weniger Kapital gemeinsam Immobilien zu erwerben und beispielsweise zu Seniorenheimen umzubauen. Der letztgenannte Markt wird künftig stark anziehen. Allerdings sollten Sie die Schwierigkeiten kennen:

- Sie haften gesamtschuldnerisch für alle Schulden und sonstigen Haftungsrisiken der Gesellschaft.
- Sie müssen bei der Auswahl der Immobilien höchste Sicherheit einkaufen. Der Vorteil bestehender Fonds – als Alternative – sind dessen Erfahrungen bei der Immobilienauswahl und -pflege.
- Schließlich müssen Sie eine geeignete Vertriebsstrategie entwickeln. Sind Sie oder ein GbR-Mitglied Verkäufer, geben wir Ihnen beste Chancen. Ansonsten wird es auf diesem lukrativen Markt sehr schnell schwierig.
- Sie müssten auch finanzielle Durstrecken mit Ihren Mitgesellschaftern überstehen. Prüfen Sie, inwieweit alle Beteiligten dazu in der Lage sind.

Insgesamt raten wir Ihnen von Immobilieninvestments via GbR eher ab.

Geschlossene Immobilienfonds

Geschlossene Immobilienfonds sind im Gegensatz zu offenen Immobilienfonds auf bestimmte Objekte für eine bestimmte Zeit angelegt. Wir warnen vor Investments in geschlossene Immobilienfonds – auch zu Zeiten eines Staatsbankrotts, auch zu Zeiten einer höheren Inflation. Transparenz, Sicherheit und Liquidierbarkeit stehen in Frage.

Warnung

Sie kommen kaum raus aus den Fonds, die Fondsgesellschaften müssen und werden Ihre Anteile nicht zurücknehmen. Zwar gibt es einen Zweitmarkt. Darauf weisen die Fondsanbieter immer wieder gerne hin. Der Zweitmarkt ist jedoch im Jahr 2009/2010 fast vollständig zusammengebrochen. Mit anderen Worten: Sie sind mit solchen Anteilen über Jahre gefangen und dem Fondsanbieter mit Ihrem investierten Geld bis zum Ende der Laufzeit schutzlos ausgeliefert.

Was geschieht bei einem Staatsbankrott mit Immobilienvermögen?

Der staatliche Zugriff auf Immobilienvermögen (etwa durch Steuern und Zwangsenteignung) ist zwar nicht unmöglich. Aber die Möglichkeiten sind eng begrenzt. Sie werden aller Wahrscheinlichkeit nach weitgehend geschützt sein. Geschichte und Logik zeigen, dass Sie auf ein Immobilien-Investment vertrauen können:

Besteuerung von Immobilien

Der Staat wird im Vorfeld des Bankrotts auf der Suche nach weiteren Geldquellen auch Immobilien ins Visier nehmen, das ist keine Frage. Grundsteuern, Grunderwerbsteuern, eventuell Änderungen bei der Besteuerung von Verkaufserlösen. Verschiedene Varianten sind hier denkbar.

Steuern auf Gewinne: Zur Zeit bleiben Gewinne beim Verkauf schon nach zweijähriger durchgehender Eigennutzung steuerfrei. Nach zehn Jahren können Sie auch die Verkaufs-Gewinne aus einer vermieteten Immobilie auf jeden Fall steuerfrei einstreichen.

Ändert der Staat seine Rahmenbedingungen, wird er in aller Regel bisherigen Immobilieneigentümern Bestandsschutz gewähren müssen. Das heißt: Wenn Sie schnell investieren, profitieren Sie von den aktuellen Steuerregelungen. Die Chance liegt bei mindestens 50 % - auch nach einem Staatsbankrott.

Laufende oder einmalige Steuern: Grunderwerbsteuer (beim Erwerb) zahlen Sie aktuell noch nach den bestehenden Tarifen. Das sind meist 3,5 % in manchen Bundesländern auch 4,5 %. Nachträgliche Erhöhungen werden Sie aller Wahrscheinlichkeit nach nicht treffen.

Schnell handeln!

Auch hier lohnt es sich, schnell zu sein. Die Chance, nicht über Grundsteuer-Änderungen nachträglich belangt zu werden, liegt bei mindestens 90 %.

Grundsteuern zahlen Sie laufend. Erhöhungen werden – das ist unausweichlich – bei Ihnen zuschlagen. Aber: Die Grundsteuern können nicht so hoch sein, dass sie den Immobilienbesitz vollständig unrentabel werden lassen. Auch nach einem Staatsbankrott nicht. Denn Immobilien als Basiselement einer Wohlfahrtsgesellschaft werden gebraucht, ihre Pflege und ihr Erhalt sind überlebensnotwendig. Die demografische Entwicklung in Deutschland belegt den enormen Bedarf. Rechnen Sie also künftig mit höheren Grundsteuern. Die Erhöhung wird sowohl vor als auch nach dem Staatsbankrott jedoch vergleichsweise moderat sein – die Wohlstandsbasis »Immobilie« würde sonst zerstört.

Steuern sind aber nicht die einzige Möglichkeit des Staates, auf Immobilienvermögen zuzugreifen. Denkbar ist auch ein Lastenausgleich. Dazu gleich mehr im nächsten Abschnitt.

Staatszugriff auf Immobilien per Lastenausgleich

Werfen wir einen Blick zurück in die Geschichte: Am 21. Juni 1948 begann die traumatische Erfahrung des »Lastenausgleichs« in Deutschland. Wer nach dem zweiten Weltkrieg und der Währungsreform noch zu den Gewinnern zählte, wurde zur Kasse gebeten. 30 Jahre lang mussten die »Vermögenden« – auch Immobilieneigentümer - jährlich 0,6 % ihres Vermögens in einen »Ausgleichsfonds« abführen. Ähnliches ist auch beim nächsten Staatsbankrott möglich. Wir können Sie jedoch in zweierlei Hinsicht beruhigen:

1.) Die Last des Vermögens bei der ersten Vermögensabgabe reduzierte sich ausgerechnet wegen der Inflation im Laufe der Jahre beträchtlich. Bemessungsgrundlage war das Vermögen im Jahr 1948, also die vor der Währungsreform geltenden Immobilienpreise. Dies wird beim nächsten Lastenausgleich nicht anders sein. Nach einer Währungsreform oder einem Währungsschnitt wird die Inflation über kurz oder lang die Belastung bestehender Immobilien entscheidend schmälern.

Ohne Zins- und Zinseszinseffekte zu berücksichtigen, hier eine grobe Schätzung: Aus 0,6 % Vermögensabgabe ist real im Laufe der Zeit eine Vermögensabgabe in Höhe von 0,1 % geworden. Im Durchschnitt der 30 Jahre werden es etwa 0,3 % jährlich gewesen sein. Dies ergibt – ohne Zins- und Zinseszinseffekt – eine Vermögensbelastung von 10 % insgesamt. Diesen Abschlag wiederum konnten Immobilienbesitzer mit diversen Steuervergünstigungen für Vermietungen/Sanierungen im Laufe der Zeit wieder hereinholen. Zudem stieg der Wohnwert durch staatliche Investitionen (im Wiederaufbau, auch nach einem Staatsbankrott wird es dazu kommen) in die Infrastruktur massiv weiter.

2.) Wesentlich höher wird der Lastenausgleich auch in Zukunft nicht sein. Denn wir gehen von folgender Überlegung aus:

Die herrschende Klasse verschont eigenes Vermögen

Die Spitzen in Politik und Verwaltung besitzen selbst zu einem großen Teil Immobilien. Anders als im kriegszerstörten Deutschland nach dem zweiten Weltkrieg wird die herrschende Klasse sich selbst nur bedingt schaden. Das ist typisch menschliches Verhalten, auf das Sie vertrauen können.

Der Zugriff auf Immobilien per Lastenausgleich wird also relativ bescheiden bleiben. Mit wesentlich mehr als insgesamt 10 % des eingesetzten Vermögens werden Sie in Deutschland über Jahrzehnte nicht rechnen müssen. Bezogen auf einen Zeitraum von mehreren Jahrzehnten ist der Bankrott- und Inflationsschutz damit hoch.

Daher empfehlen wir für verschiedene Varianten des Staatsbankrotts zumindest selbst genutzte Immobilien, in möglichst geringem Ausmaß auch vermietete Immobilien.

Mit Immobilien werden Sie Geld verdienen – sicher

Immobilien sind nicht nur Inflationsschutz, sondern auch Renditequelle, was auch für selbst genutzte und vermietete Häuser gilt. Das untermauern nicht nur die bislang angestellten Überlegungen, sondern auch die wirtschaftshistorischen Fakten, wie sie die insbesondere Gerd Kommer in seinem Buch: »Buy and hold Bibel« zusammengetragen hat. Bei einer durchschnittlichen Inflationsrate von 2 % bis 2,5 % haben Immobilien zwischen 1975 und 2009 effektiv das Vermögen geschützt – trotz der historischen Ausnahmesituation im Osten Deutschlands. Besonders vorteilhaft waren Bestandsimmobilien.

Laut Gerd Kommer haben private Wohnimmobilien langfristig (über viele Jahrzehnte) eine Rendite von 0 % bis 1 % nach Inflation (!) gebracht. Inklusive aller Krisen wohlgemerkt. Wer sich jetzt mit einem Immobilien-Investment auf den kommenden Staatsbankrott einstellt, wird unserer Einschätzung nach noch deutlich mehr nach Inflation gewinnen. Denn zum einen sind die Einstiegspreise günstig, zum anderen sind die Alternativen nach einer international um sich greifenden Währungsreform deutlich geringer als sonst.

Zahlen aus den USA und Großbritannien bestätigen laut derselben Quelle: Nach dem zweiten Weltkrieg haben Immobilien 0,7 % nach Inflation geschafft (USA). In Großbritannien hingegen haben Immobilien sogar eine Wertsteigerung von 2,7 % jährlich geschafft – trotz der Immobilienkrise seit 2007.

Immobilien sind unabhängig von der Entwicklung anderer Märkte – auch bei einem Staatsbankrott

Wer in Immobilien investiert, wird sich auch im und nach dem Staatsbankrott von anderen Märkten abkoppeln – das schützt Sie. Betrachten Sie hierzu folgende Fakten:

Immobilien sind mit anderen Anlageklassen nur schwach »korreliert«, wie es heißt. Sie sind vor allem recht unabhängig von Aktien. Ihr Preis entwickelt sich also unabhängig vom Geschehen am Aktienmarkt. Das Maß für eine solche Korrelation ist der so genannte Korrelationswert. Er beschreibt auf einer Skala von -1 bis +1, wie stark zwei Märkte oder Kursentwicklungen voneinander abhängen. Beträgt der Korrelationswert 1, verlaufen zwei Entwicklungen linear. Beträgt der Korrelationswert -1, verlaufen sie komplett gegenläufig. Liegt der Korrelationswert bei 0, hängen zwei Entwicklungen nicht voneinander ab. Im Vergleich zur Entwicklung von Immobilienpreisen ergeben sich folgende Korrelationswerte:

- Aktien haben einen Korrelationswert von -0,13 (die Aktienentwicklung ist also kaum von der Immobilienpreisentwicklung abhängig, es gibt allenfalls leicht gegenläufige Bewegungen)
- Festgeld hat einen Korrelationswert von +0,45
- Schiffe haben einen Korrelationswert von -0,02
- Lebensversicherungen haben einen Korrelationswert von +0,07
- Anleihen haben einen Korrelationswert von +0,34

Immobilien sind daher (selbst genutzt und vermietet) beim kommenden Staatsbankrott ein wirksamer Schutz, vorausgesetzt, Sie nutzen die noch günstigen Konditionen für einen Immobilienkauf aus (Stand: Juni 2010).

Die Vorteile eines Immobilienkaufs im Überblick

> ➤ Sie sichern sich bei einem zeitnahen Kauf mit hoher Wahrscheinlichkeit Steuervorteile, die in späteren Jahren nach einem Bankrott so nicht mehr gelten.

> ➤ Sie sichern sich aktuell (noch) günstige Einstiegspreise.

> ➤ Sie sind unabhängig von anderen Anlageklassen.

> ➤ Sie geben dem Staat nur bedingten Zugriff auf Ihr Vermögen.

8. Das Beste zum Schluss

Sie haben es nun in der Hand, Ihr Depot auf den kommenden Staatsbankrott einzustellen. Sie haben alle nötigen Informationen, Regeln und unsere konkreten Vorschläge für eine Vermögensstruktur, die verschiedene Bankrott-Szenarien bestmöglich übersteht.

Herzlichen Glückwunsch dazu, dass Sie sich mit Ihren Möglichkeiten befasst haben. Wir wünschen Ihnen viel Erfolg bei der Umsetzung der Maßnahmen. Dann können wir in aller Ruhe hoffen, dass der Staatsbankrott möglichst schnell kommt und genauso schnell wieder geht. Wer sich auf den Staatsbankrott eingestellt hat, wird

- mit dem geringstmöglichen Schaden aus dieser weltumspannenden Krise hervorgehen,
- mit hoher Wahrscheinlichkeit ein weit höheres Vermögen als vorher haben – zumindest im Vergleich zu anderen Leidtragenden - und
- einer glücklichen Zukunft entgegensehen.

Ihr Depot ist nun wetterfest für alle denkbaren Szenarien

Unstrittig ist inzwischen unter allen relevanten Volkswirten, Analysten und Politikern, dass die Situation historisch dramatisch ist. Noch niemals war die entwickelte Weltwirtschaft weltumspannend in einer derart schlechten Verfassung.

Jede größere Volkswirtschaft für sich hat Schulden, die Privathaushalte sind überschuldet, Rekordarbeitslosigkeit (kaum versteckt durch Kurzarbeiterprogramme), wohin das Auge blickt. Und genau deshalb werden Sie mit unserer Vermögensstruktur mit dem geringstmöglichen Schaden die verschiedenen möglichen Szenarien überstehen.

Szenario 1: Es kommt zunächst die Deflation

Im schlimmstmöglichen Fall – der Deflation, fallenden Preisen und einer gelähmten Wirtschaft – stehen Sie mit einem nennenswerten Immobilien-Anteil besser da als 60 % aller deutschen Haushalte. Der private Immobilienbesitz in Deutschland liegt bei etwa 40 %. Ihr Vorteil: Mietersparnis auf der einen Seite, eventuell sehr wertvolle Mieteinnahmen auf der anderen Seite.

Aktien würden in einer Deflation auf längere Sicht niedrig bewertet bleiben (!) – in etwa auf dem heutigen niedrigen Niveau, vielleicht sogar noch niedriger. Mit unserer Buy-and-hold-Strategie liegt Ihr nachhaltiges Verlustrisiko jedoch nahe Null.

Edelmetalle wie Gold können als Krisenwährung sogar leicht verlieren. Gemessen in inflationsbereinigten Preisen allerdings sind Gold und Silber noch immer um den Faktor 2 unterbewertet – mindestens. Ihr dauerhaftes Verlustrisiko liegt bei allenfalls 10 % bis 15 %. Mit der richtigen Mischung des Vermögens drohen Ihnen daher allenfalls leichte Verluste – im schlimmsten Fall, den sich die Weltwirtschaft überhaupt vorstellen kann.

Das unwahrscheinlichste Szenario

Die Wahrscheinlichkeit einer Deflation sehen wir bei maximal 5 % - die Geldmenge allein in der EU ist bereits mit durchschnittlich 7,6 % gewachsen. Die Kapazitätsauslastung in den Unternehmen nimmt wieder zu – und selbst die Japaner haben ihre Sparquote von weit über 10 % auf etwa 5 % mit Tendenz nach unten gesenkt.

Szenario 2: Inflation

Alle Anzeichen sprechen für eine Inflation vor einem Staatsbankrott. Dann würde der Wert Ihrer Sachanlagen steil nach oben schießen. Denken Sie an die Goldpreisexplosion von 1920 bis 1923. Denken Sie an Aktien im selben Zeitraum – oder daran, dass sich Immobilien immer weiter nach oben entwickelt haben.

Mit der vorgeschlagenen Struktur wird Ihr Vermögen in einer Inflation wachsen. Je höher die wahre Inflationsrate, desto stärker steigen die Preise für Ihre Sachwerte. Entscheidend ist dann folgende einfache Überlegung:

Die Preise steigen – der Geldwert wird sinken. »Real« werden Aktien, Immobilien und Edelmetalle je nach Verlauf der Krise vor dem Bankrott möglicherweise gar nicht allzu stark zulegen, meinen Kritiker. Das ist für Ihr Vermögen aber ohne Belang.

Relativ zu allen anderen Vermögensklassen steigt der Wert Ihres Vermögens auf jeden Fall. Das heißt schlicht und ergreifend: Ihr Anteil am Bruttoinlandsprodukt sowie am bestehenden Vermögen steigt automatisch. Nach kurzer Zeit wird sich dies auch – wie immer in der Wirtschaftsgeschichte – an den »realen« Preisen Ihres Vermögens zeigen.

Ein Beispiel dafür sind Immobilien: Möglicherweise wird deren Wert real nicht sofort steigen, genauso, wie es Kritiker sagen. Möglicherweise können Sie an verarmte Mieter nicht mehr wie bislang vermieten, genauso, wie es Kritiker sagen. Schon nach kurzer Zeit aber werden sich wieder Mieter finden – die einfach einen größeren Anteil ihrer Einkünfte für die Miete aufwenden müssen als vor der Inflation, vor dem Bankrott.

Praktische Beispiele dafür finden Sie jetzt schon in den Metropolen. In München zahlen die Haushalte einen relativ wesentlich höheren Einkommensanteil für Mieten als in Buxtehude. Das deutlich höhere Preisniveau in München (sozusagen lokale Inflation gegenüber Buxtehude) begünstigt Immobilieneigentümer in der bayrischen Landeshauptstadt.

Szenario 3: Der offizielle Staatsbankrott

Noch besser als eine jahrelange Inflation oder gar Hyperinflation wäre der schnelle Staatsbankrott. Eine einfache Erklärung: Wir können und werden unsere Schulden nicht bezahlen. Die Folgen sind – anders als von Crash-Propheten immer wieder dargestellt – durchgehend beherrschbar und positiv, wenn Sie richtig aufgestellt sind:

- Die Regierung wird abdanken müssen und wird durch eine neue gewählte oder vom IWF und ähnlichen supranationalen Institutionen ernannte ersetzt. Ein sichtbarer Neuanfang, der Vertrauen an den Finanzmärkten erzeugen soll und nach Jahren wirkt. Argentinien ist das jüngste Beispiel – noch immer zahlen die Südamerikaner die Anleihen nach dem Staatsbankrott 2002 nicht zurück und haben gleichwohl wirtschaftlich überlebt.
- Es kann eine neue Währung geben: Mit Sachvermögen werden Sie jeden Währungsschnitt (einfache Umstellung, beispielsweise im Verhältnis 1:10) oder jede Währungsreform (Einführung einer neuen Währung) mit Gewinn überstehen.
- Die reale Wirtschaft, das Sachvermögen, wird anschließend schneller wachsen als jetzt.

Geld und Glück gehören zusammen

Alle ernst zu nehmenden wissenschaftlichen Untersuchungen zeigen: Geld und Glück hängen zusammen. Wer im Lotto gewinnt (es gibt Untersuchungen dazu), ist nach Jahren noch zufriedener und glücklicher als Andere. Entgegen allen Gerüchten gilt auch:

Menschen aus reicheren Volkswirtschaften sind glücklicher als diejenigen aus armen Volkswirtschaften. Wer in Schweden oder Dänemark lebt, ist nach allen Untersuchungen und Befragungen glücklicher als Menschen aus besonders armen afrikanischen Regionen.

Geld allein macht nicht glücklich heißt es – aber Sie werden nicht in Geld investiert haben, sondern in privates Vermögen. Immobilien, die Sie nach eigenem Belieben nutzen und sogar weitervererben können. Unternehmensbeteiligungen (Aktien) und Edelmetalle, die auf der ganzen Welt begehrt sind.

Kurz: Sie werden alles richtig gemacht haben. Jeder kennt das Gefühl, das sich nach richtigen Entscheidungen einstellt – große anhaltende Zufriedenheit bis hin zum Glücksgefühl. Anders als bei kurzfristigen Trading-Gewinnen geht es in dieser Krise nicht um einen einzelnen Treffer, sondern eine ganze Lebensgestaltung.

Diese Krise ist daher tatsächlich kein Crash-Szenario, sondern eine der besten Chancen, Ihr Leben gelingen zu lassen. Ein historisches Beispiel wird Sie eventuell sogar dazu ermuntern, unternehmerisch tätig zu werden:

Große Industriedynastien wie Haniel in Duisburg haben die Hyperinflation – den faktischen Staatsbankrott – 1923 zum Durchbruch genutzt. Der leitende Manager des vormaligen Familienunternehmens packte die Chance beim Schopf und kaufte die gesamte MAN. Mit einem Schlag wuchs die Belegschaft auf 52.000 Mitarbeiter. Ein Grundstein für ein lang anhaltendes, gewinnträchtiges Wachstum.

Das war der Grundstein dafür, dass Haniel heute noch knapp 50.000 Mitarbeiter direkt oder indirekt beschäftigt – unter bekannten Namen wie Celesio (bekannt geworden als Gehe) oder mit einer großen Beteiligung an der Metro AG.

Unser Appell an Sie

Nutzen Sie die Chance – der kommende Staatsbankrott wird nicht zum Weltuntergang, sondern zu einer neuen Vermögensverteilung führen. Stellen Sie sich auf die richtige Seite. Dann ist ein Staatsbankrott für Sie auch kein Horror-Szenario, sondern eine Aussicht, vor der Sie sich nicht zu fürchten brauchen.

STICHWORTVERZEICHNIS